人人可复制的高效销售技巧

发轫

问鼎销冠的方法论

陶朱振羽　著

经济日报出版社
北京

图书在版编目（CIP）数据

发轫：问鼎销冠的方法论 / 陶朱振羽著 . — 北京：经济日报出版社，2024.5

ISBN 978-7-5196-1377-8

Ⅰ.①发… Ⅱ.①陶… Ⅲ.①金融—产品—销售—研究 Ⅳ.① F830.9

中国国家版本馆 CIP 数据核字（2023）第 227180 号

发轫：问鼎销冠的方法论
FAREN: WENDING XIAOGUAN DE FANGFALUN

陶朱振羽　著

出　　版：	经济日报出版社
地　　址：	北京市西城区白纸坊东街 2 号院 6 号楼 710（邮编 100054）
经　　销：	全国新华书店
印　　刷：	北京文昌阁彩色印刷有限责任公司
开　　本：	880mm×1230mm　1/32
印　　张：	6.5
字　　数：	100 千字
版　　次：	2024 年 5 月第 1 版
印　　次：	2024 年 5 月第 1 版印刷
定　　价：	48.00 元

本社网址：edpbook.com.cn，微信公众号：经济日报出版社
未经许可，不得以任何方式复制或抄袭本书的部分或全部内容，**版权所有，侵权必究。**
本社法律顾问：北京天驰君泰律师事务所，张杰律师　举报信箱：zhangjie@tiantailaw.com
举报电话：010-63567684

本书如有印装质量问题，请与本社总编室联系，联系电话：010-63567684

> 引 言
> FORWARD

朝发轫于太仪矣　夕始临乎于微卢

——《楚辞·远游》

1. 金融无处不销售

曾经,有位在大型企业做会计的学妹联系我,咨询了一些关于金融行业的工作建议。于是,我们进行了一场简短的对话:

我:你比较倾向于哪个岗位的工作?

学妹:没有特别的倾向性,只要能进入金融行业就行。

我：啊！那就好办了！××证券公司的机构部正在招销售，你正好可以去试试！

学妹：嗨！学长，销售我可干不了！能否介绍一个别的岗位？

……

面对学妹的要求，我颇感尴尬。为什么？因为稍有了解的人都会知道，现在的金融行业除了纯后台和少数投研岗位外，其他岗位几乎都与销售相关。甚至可以说，金融行业的销售岗位占据了金融行业高薪岗位的半壁江山。如果学妹对销售存有先入为主的抗拒心理，那么，当她转入金融行业后就免不了大受影响了。即便她最终没有进入金融行业，如果不消除这种对销售的抗拒心理，未来的职业发展恐怕也会受到很大影响。

如今金融行业的核心高薪岗位都和销售相关——对于此说法，身处其外的人也许会感到有些夸张，但是，对现在的金融行业有涉足的人，一定会深有同感。

金融销售岗位种类繁多，最常见的就有保险销售、银行分支行投资顾问、证券公司营业部投资顾问以及各金融机构总部直销等岗位，这些差不多覆盖了金融行业

70%的岗位。而且,金融行业的很多业务、部门、岗位,看名称好像与销售没有联系,但实际上都与销售密切相关,甚至其本身就是销售。

(1)投资银行的业务。

证券公司的投资银行,主要从事证券发行、承销、交易、企业重组、兼并与收购、投资分析、风险投资、项目融资等业务。"投资银行"从名字上看颇为"高大上",又是投资,又是银行,外行人乍一听可能觉得投行人员都是呼风唤雨的金融"大咖",但实际上,中国的投行业务是一个标准的卖方业务,其主要职能说通俗点就是"先包装非上市股票再'卖'给散户",其中最关键的一点就是设法"说服"企业聘请员工所在的投行作为保荐人。

一般来说,企业选择哪一家证券公司作为自己的保荐人主要取决于两个因素,其一是证券公司的专业能力;其二是证券公司的销售能力。

总的来看,经过多年的发展,头部证券公司投行的专业能力其实早已相差无几,于是,运用好人际关系的能力便成了投行的核心能力。

（2）证券公司研究部。

证券公司研究部主要是对上市公司进行研究，并独立地提出一些相关的投资建议。表面上看，这个部门的工作与销售无关，但实际上并非如此——证券公司研究部提出的相关投资建议只有被"卖"出去了才能创造收益。但是，要把那些投资建议"卖"出去——让买方基金经理接受那些投资建议并支付佣金——这在很大程度上就得靠销售员的销售能力了。为了更好地销售自己的研究成果，所有的证券公司研究部都配有全职的机构销售员，而且很多大型证券公司也会成立专门的部门来负责研究销售工作的成果。

（3）买方投研和基金经理。

买方投研和基金经理主要是做公募基金、私募基金等的研究及投资工作。表面上看，买方投研似乎与销售没有关系，但实际上这里面蕴含着很多销售元素。伴随着资管行业的竞争加剧，买方投研的销售属性日益加强——不要说社保、保险资管、银行理财等传统意义上的"金主大佬"需要基金经理路演，很多时候，就连很多银行和券商代销渠道（比如支行网点和营业部）也需要基金经理逐家上门路演，营销自己的投资理念及基金产品。

（4）各类金融中台部门。

表面上看，金融前台部门与销售密切相关，金融中台部门则远离销售或与销售不是十分相关，但实际上并非如此——金融中台部门本质上是为金融前台部门服务的，金融前台部门的很多工作都需要金融中台部门进行完善，于是，金融中台部门就自然而然地参与销售之中了。随着金融业务竞争日趋激烈，金融中台部门的销售属性日益明显，中台前台化的趋势也愈发凸显。比如，金融中台部门的很多工作人员也是要承担收入指标的，这就要求中台部门的工作人员必须具备一定的沟通能力和营销能力。当前台部门辛辛苦苦拉来一个客户，转交给中台部门时，如果中台部门沟通能力和营销能力够强，那么，就能抓住客户，完成销售，产生新增业务；如果中台部门沟通能力和营销能力薄弱，那么，就抓不住客户，也产生不了新增业务。

由此可见，整个金融行业的销售属性都是非常强的，说"金融无处不销售"一点都不为过。

而且，并不是只有金融行业的销售属性非常强，人生本身就具有很强的销售属性。如果一个人的自我营销能力很强,那么,他的成长和发展都会顺利很多。找对象、谈恋爱时需要向对方介绍和推销自己,读研究生面试时需要向导师介绍和推销自己,大学毕业之后找工作时需要向用人单位介绍和推销自己。由此可见,说一句"人生无处不销售"也一点都不为过。

2. 我的金融销售之路

我在研究生毕业之后,进入一家资产过万亿元的大型国有投资公司工作;三年后,为了进一步历练自己并获得更长远的发展,我决定从那家公司离职,在离职时,我手里已拿到了三个offer(录取通知):一个是一家股份制银行的投行,一个是一家中型保险资管机构的投资经理,还有一个是一家证券公司的机构销售。经过一番权衡,我选择了证券公司的机构销售职位——从此踏上了金融销售员之路。

对我选择做销售之事,最开始,几位至亲挚友持一种条件反射式的反对态度。为什么?在他们看来,一是销售收入没保障——谁也没法把控市场，没法保证自己能稳定地销售多少产品/服务，换句话说，谁也没法保证自己会有多少稳定的收入；二是销售很辛苦——外行人对金融销售的理解非常不准确，在很多外行人心中，"销售"就是超市售货员或导购，辛苦而乏味；三是销售尤其是初级销售的技术含量低，不大受人尊重。然而，据我的切身体验，金融销售员其实是一个相当不错的职业。

其一，金融销售收入并非没有保障。金融行业"内卷"严重，各家金融机构的产品/服务同质化程度越来越强，差异越来越小，金融销售员的地位越来越重要。金融行业的收入在很大程度上取决于金融产品/服务的销售收入；如果一家金融公司连销售员的收入都没有保障，那么，其他人的收入就更没有保障了。因此，金融销售员在收入保障方面是无须担心的。

其二，金融销售工作虽然辛苦但有趣。金融销售员的确很辛苦，但工作之中也是充满趣味的。比如，金融销售员在销售基金产品/服务的时候，也会跟踪产品/服务的净值和波动，这就会让他对 A 股市场有更深入的了解、深切或更深切的体会；他不需要通过自己购买产品/服务就可以知晓 A 股市场的起伏波动、自己产品/服务价值的大小或增减，从而体会到波动带来的悲喜、辛苦、有趣又充满挑战。

其三，金融销售成长性高。对于销售而言，初级销售的门槛比较低，金融销售行业的门槛看起来也低——技术含量不高，有一些理论知识的人，甚至一点理论知识也没有的人稍经培训便可上岗销售；但是金融销售员的职业上限却很高，我亲眼见过靠销售起家的前辈们，通过销售赚到人生第一桶金，实现财务自由，甚至财富自由。

在本书的后半部分，我会较为详细地谈谈我的销售理念、方法论等问题；在开篇，我则想先谈谈一名优秀的金融销售员应具备的基本品质。

首先，一名优秀的金融销售员应有宏伟的规划、远大的志向。

林则徐诗云："海到无边天作岸，山登绝顶我为峰。"一个人要想在事业上有所成就，就得像此诗所云——要有宏伟的规划、远大的志向。一个从事金融销售的人，要想取得骄人的成绩，成为一个优秀的金融销售员，同样应该如此。为什么？这在很大程度上是由金融销售行业所具有的特殊性决定的。

（1）金融行业的周期性强。

与其他行业相比，金融行业还是存在着更多的可以获得丰厚收入的机会。同时，金融行业是一个周期性较强的行业，如果一个金融销售员赶上的机遇和时点比较好，那么，年入百万甚至几百万并不是太难的事情。但对于许多非金融行业的人来说，年薪百万元无疑是痴人说梦。

金融行业流传着一句俗话："三年不开张，开张吃三年。"有牛市，必有熊市，一个金融销售员如果赶上牛市——机遇和时点都比较好——获得了较为丰厚的收入，但他若是没有长远的规划、没有远大的目标，不知道克制，赚到钱后就觉得自己是人生的赢家，忘乎所以地开启"买买买"的模式，豪车、名表……想买就买，而之后又恰巧赶上熊市——缺乏获得丰厚收入的机会——日子就会很难过了。

（2）金融行业的职业上限很高。

梦想还是要有的，万一实现了呢？的确，人是应该有梦想的，一个金融销售员首先应该拥有梦想，用梦想激励自己完成销售任务，实现销售目标。一个优秀的金融销售员往往都有了不起的梦想，否则，要如何承载"优秀"二字呢！

在赚钱效应上，不仅普通金融行业从业者的赚钱效应高于其他行业，在顶尖段位，金融行业"大佬"的赚钱效应更是一骑绝尘。普通人有没有机会成为"大佬"呢？我个人觉得金融行业中存在的机会还是远超其他行业的，乾坤未定，你我皆是黑马。不过机会虽然多，如果心中没有大格局，就算机会来了，也不一定抓得住，而且就算抓得住，没有正确的价值观和方法论做支撑，靠运气赚来的钱，也会凭"实力"亏掉。

其次，一名优秀的金融销售员应严守底线，心存善念。

作为金融行业的从业者，每天跟钱打交道，受到的诱惑也多。但是，在面对诱惑时，金融销售员一定要严格遵守上至法律法规、中至行业准则、下至公司及部门的规章制度，切不可有侥幸心理——须知"法网恢恢，疏而不漏"。

在从业过程中，金融销售员还要心存善念，常怀助人之心。俞敏洪曾说："一个人如果八面玲珑、能说会道，特别会'来事'，并不是情商高。"一个真正心存善念、常怀助人之心、情商高的人，是他走到哪里，都能被无条件信任；同时，他也善于把好的东西分享给他人，在别人有困难时，愿意去帮助别人——**信任及口碑对金融从业者而言是至关重要的**。一个金融从业者，尤其是金融销售员，在从业过程中，不断地去帮助他人，结下善缘，这样，他的路就会越走越宽、越走越远。切不能因为业绩压力大或者其他原因，不停地"薅客户的羊毛"，更不能做出有损行业的事情。

最后，一名优秀的金融销售员应与时俱进，终身学习。

金融行业的发展日新月异，一个金融从业者可能昨天还是市场的宠儿，今天就被市场抛弃了，这种案例比比皆是。金融行业的盈利绝大多数来源于信息差，销售员只有不断地主动学习，才能跟上市场的节奏，唯有在认知、格局、方法论等方面优于同行，与同行之间产生信息差，才能创造出增量价值。

但是，对于金融从业者，尤其是金融销售员而言，学习应该是全方位的，绝不仅仅局限于某一点或某一方面。比如，读一点专业书籍或与业务需要密切相关的书籍，参加业务培训或与业务密切相关的培训，掌握一些技能……这些是必需的，也是最基础的，仅有这些并不足以让人获得真正的超越；学习还包括观察、思考、运用知识和技能或技巧等方式。一个优秀的金融销售员，往往更多地表现在能主动思考市场运行的规律、权力运行的规律以及人性变化的规律，同时，也表现在能不断地更新自己的价值观、优化自己的方法论等方面。金融市场风起云涌，金融销售员能接触到的机会比普通人多很多，因此，只有秉持终身学习的信念，以待天时，才可能走在前列、勇立潮头。

目 录
CONTENTS

引言：金融无处不销售 / I

第一章
心理篇：树立正确的工作观 / 01

1. 工作蕴藏着伟大的意义 / 02
2. 工作是人提升和完善自我的重要手段 / 04
3. 创造社会价值与自我实现 / 05
4. 向年薪百万努力 / 07

第二章
"小白"篇：掌握正确高效的销售方法 / 11

1. 销售有方法 / 12
2. "小白"进阶方法一：通晓金融产品/服务的特点 / 14

3. "小白"进阶方法二：快速取得客户信任的

五个步骤 / 21

第三章
精英篇：提高效率超越"小白" / 41

1. 精英 VS "小白" / 42
2. 销售实力的提升——加强自身硬实力 / 44
3. 销售技巧的提升——如何让客户快速地

认可你 / 74
4. 精英的困局 / 96

第四章
团队管理篇：管理者的成长之路 / 113

1. 初级管理者的困局 / 114
2. 管理者的三重角色 / 115

3. 管理者的基本素质 / 121

4. 杰出金融销售管理者的标准及养成 / 127

5. 杰出管理者的养成 / 130

6. 中级销售管理者的困局 / 135

第五章
互联网时代的金融产品 / 服务营销 / 147

1. 互联网时代，金融销售员面临的机遇与挑战 / 148

2. 金融销售员的应对措施 / 168

CHAPTER 1

第一章

心理篇：

树立正确的工作观

金融销售员的工作强度大，自然工作压力也大，一个金融销售员如果不能在从事金融销售工作时做好心理建设，树立正确的工作观，那么，他在从事销售工作时不仅赚不到钱，反而还会让自己的身心健康受损。

1. 工作蕴藏着伟大的意义

树立正确工作观的第一步就是要相信工作是蕴藏伟大意义的修行，绝不只是一个养家糊口的手段。

关于工作的意义，日本著名的企业家稻盛和夫在其《干法》一书中阐述得既通俗易懂又深入透彻。大凡读过《干法》的人都可能会对其中不能把工作看作"不得不承受的苦难"的观点印象深刻。不错，人不能把工作看作"不得不承受的苦难"！为什么？工作蕴藏着伟大的意义！人靠工作与非人的其他动物区别开来，也赖以工作为生；同时，工作也是人存在的一种表现形式——工作所蕴藏的伟大意义由此不言而喻！

第一章　心理篇：树立正确的工作观

稻盛和夫是两家"世界五百强"企业——日本京都陶瓷株式会社（现名京瓷Kyocera）以及第二电信（现名KDDI）——的创始人，同时也是世界著名的作家，著有《干法》《稻盛和夫自传》等畅销书。

作为一个金融销售员，免不了要面对同质化的产品/服务，优秀的竞争对手和同行，每月、每周甚至每日的考核排名……并可能会因此觉得工作紧张、压力大，有时甚至会感到不胜其苦——觉得你的工作只是为了养家糊口、还房贷……而"不得不承受的苦难"。

但是，如果换个角度想，就不会有这种感觉了——正是因为产品/服务同质化，你才有一展销售身手、实现自身价值的可能；正是有那些优秀的竞争对手和同行，你才不得不时刻保持着高昂的斗志，不得不奋力前行，否则，免不了因与生俱来的惰性而懈怠，因身心疲惫或力不从心而止步不前；正是因为有那每月、每周甚至每日的考核排名，才能第一时间知道自己是在进步还是在退步，才知道要不断地提升和完善自己……由此可见，作为一个金融销售员，工作对你而言绝不是"不得不承受的苦难"，而是上苍赐给你的福报。

发轫 问鼎销冠的方法论

2. 工作是人提升和完善自我的重要手段

时代在前进，社会在进步，人类在进化，我们就要不断地自我提升和完善。自我提升和完善的手段多种多样，但是，最为关键的是要对工作充满信心、充满信任——坚信工作是提升和完善自我的重要手段。

稻盛和夫在《干法》中写道："工作就是提升自己的心志、磨炼人格的'修行'""只有通过长时间不懈地工作，磨砺了心志，才会具备厚重的人格，在生活中沉稳而不摇摆""工作能够锻炼人性、磨砺心志，工作是人生最尊贵、最重要、最有价值的行为"。

稻盛和夫的这些哲思实际上是在说工作能让人得到自我提升和完善。对金融销售员而言，确实是这样的——总要面对同质化的产品/服务，优秀的竞争对手和同行，每月、每周甚至每日的考核排名……平心而论，这些对金融销售员的确造成了巨大的压力，也的确是巨大的挑战。但是，金融销售员如果能妥善地处理这些问题，心志必定更坚定，把自己在销售中所遭遇的每一种压力、每一次挑战都视作提升自己的绝佳机会，甚至会认为自己所从事的竞争激烈、自我提升快的金融销售工作可能是世界上最棒的工作；在面对未知的恐惧时不是惊慌失措，更不是扭头便跑，而是敢于直面、迎难而上；在面对客户或可能的潜在客户时不是羞羞答答、缩手缩脚，而是主动介绍自己、介绍自己的公司、介绍自己的业务。在赚钱的同时，又提升、完善了自我，这是多么令人振奋的一件事啊！

3. 创造社会价值与自我实现

工作是人赖以生活和生存的手段，但是，人也应该清楚地认识到，工作之所以能成为人赖以生活和生存的手段，是因为工作创造了社会价值。销售工作也一样，千万不要简单地把金融销售员理解成"两头赚差价"的中间商——这绝对是错误的。金融销售员把复杂的金融

> **发轫** 问鼎销冠的方法论

产品/服务推荐给急需的个人或企业,这大幅提高了社会的运转效率,产生了巨大的社会价值。

在当今社会,无论是个人还是公司都与金融产品/服务有关联,都在不同程度上与金融机构打过交道——要么存款,要么取款,要么贷款,要么理财,要么买保险……而公司与金融产品/服务的联系则更为密切。比如,一家公司成立之时需要银行向其提供账户服务,也可能需要风险投资(VC);当它具备一定规模和信用资质时,就需要私募股权投资(PE);当公司得到进一步的发展,盈利能力也达到一定程度时,需要证券公司保荐其上市;在公司上市后,股东需要优化资产配置,需要做质押或者减持;公司减持后有了大量现金,需要回过头来做资产配置以及购买保险、基金、信托等产品/服务……

在社会分工日趋精细化的今天,"术业有专攻"的特征更加明显,无论是个人还是公司,很多时候对自己所需要的金融产品/服务了解不透彻、不全面,因此,如果与金融产品/服务打交道,就会不可避免地"踩坑"。比如,在做资产配置时因没有购买到合适的产品/服务而大幅亏损,购买保险后没有得到应有的后续服务，公司因没有挑到一个好的保荐商导致上市进度被耽搁……要避免这种不够成功或不成功的情况，最好的做法是寻求专家——金融销售员的帮助。一个金融销售员如果成功地帮助一个人或一家公司实现与金融产品/服务建立起关联，如此，便在获得实实在在、可触可感的收入的同时，帮助那个人或那家公司解决了实实在在、可触可感的问题——有关"钱"的问题。这也就意味着，他在实现自我价值的同时，又创造了社会价值。

4. 向年薪百万努力

曾几何时，成为"百万富翁"是不少人梦寐以求的理想。可是，在社会财富以几何级数递增的当今时代，"百万富翁"被大大地贬值了，人们的理想也更加宏大了。很多人都不只是想做"百万富翁"，而是想每年都成为新的"百万富翁"——年薪百万。这一点上，金融销售员有相对的优势。为什么？这主要是基于以下几点。

首先，相较于大多数行业，在金融行业赚钱本身就有"近水楼台先得月"的优势。

其次，金融销售员是金融行业第一线的工作者，相较于金融行业其他岗位的从业者，金融销售员对客户的把握最及时，接触到金融信息的速度更快，赚钱机会也更多。

最后，金融机构的资源往往向一线销售倾斜，或者说向一线销售倾斜日渐成为趋势，这也为金融销售员提供了得天独厚的赚钱的资源。

因此，金融销售员要想年薪百万也不是不可能，事实上，年薪百万的金融销售员确有人在且大有人在，而且年轻化的趋势也非常明显。也正因为如此，作为一个金融销售员，哪怕你还只是一个"小白"，也要有年薪百万的理想，且坚信自己一定能实现这一理想。

不过，金融销售员日趋两极分化，往往强者更强、弱者更弱，"二八效应"明显，因此，年薪百万者也并不是触目即是。同时，年薪百万者实现年薪百万也不是不费吹灰之力的，往往他要付出艰苦卓绝的努力和大把的汗水。作为一个金融销售员，尤其是那些"小白"，不仅要有年薪百万的理想,而且也要有让这一理想成真的实际行动,否则,这种理想便只能停步于一个梦想而已。《离骚》有云:朝发轫于苍梧兮,夕余至乎县圃。

CHAPTER 2

第二章

"小白"篇：
掌握正确高效的销售方法

> 发轫　问鼎销冠的方法论

1. 销售有方法

1.1　归纳、总结必不可少

　　无论什么人做什么事，总要使用一个具体的方法，而想做得尽善尽美，则应该有一个方法论作为指导——做销售也是如此。

　　笔者曾与一位金融销售员谈论过寻找及总结销售方法的问题。谈论刚开始时，那位同行对寻找、总结销售方法不以为然，甚至脱口而道："销售还需要总结方法吗？咱们金融销售员，不就是卖金融产品吗？能把金融产品卖出去不就得了？"

　　事实上，金融销售员是应该非常注重归纳和总结方法的，对于同一产品／服务，为什么有的金融销售员能多快好省地销售出去、圆满地完成销售任务，而有的金融销售员拿到产品／服务后却茫然不知所措，甚至很长一段时间也无法"开张"呢？显然，前者是使用了正确且有效的销售方法，甚至有正确的销售方法论作为指导；后者则不然，甚至与前者相反。因此，金融销售员要注意运用销售方法，同时，要想成为一个成功的或优秀的金融销售员，必须注意并且善于归纳、总结销售方法。

1.2 三个阶段及对应方法

一般来说，一个金融销售员的成长可以分为三个阶段——"小白"阶段、精英阶段、管理者阶段。在不同的阶段，金融销售员在销售金融产品/服务时所掌握和使用的方法是不一样的。

第一阶段："小白"阶段。在此阶段，金融销售员主要应掌握和使用如何快速了解金融产品/服务的特点以及如何快速与客户建立信任关系的方法。

第二阶段：精英阶段。在此阶段，金融销售员主要应掌握和使用如何提高销售效率和营销大单的方法。

第三阶段：管理者和领导者阶段。在此阶段，金融销售员主要应掌握如何激励员工，做一个优秀的管理者和领导者的方法。

发轫 | 问鼎销冠的方法论

2. "小白"进阶方法一：通晓金融产品／服务的特点

金融产品／服务与其他商品／服务不同——它不是有形的物品，既看不见，又摸不着，加上直接涉及真金白银，很难让购买者放心地购买它。同时，以前有不少不法分子混杂于金融销售员行业，借销售金融产品之名，行诈骗之实，致使不少购买金融产品的人上当受骗，从而连累了金融产品的名声，于是，很多潜在的购买者对金融产品／服务心存疑虑，有些人甚至会"谈虎色变"。

在这种不利的情况下，金融销售员怎样才能让潜在客户信任自己呢？途径或方法多种多样，其中相当重要的要领之一就是金融销售员先通晓自己所销售的金融产品／服务的特点，只有做到这一点，金融销售员才能达到"绘声绘色""滔滔不绝"的效果，全面、透彻地向客户或潜在客户介绍自己所销售的金融产品／服务，进而在客户面前树立起金融专业人士甚至是专家的形象，并最终与对方建立信任关系。

金融销售员不能仅仅是通晓自己所销售的金融产品/服务的特点，还应该通晓或知晓更多，甚至所有金融产品/服务共有的特点。

由于金融产品多种多样，特点千差万别，在此我们不对产品的具体要素进行讨论分析，而是从通用属性上进行探讨，帮助大家把握特点。

具体地说，金融产品大致有如下六个共同特点。

2.1 抽象性

如前所述，金融产品/服务都不是有形的物品，既看不见，又摸不着；同时，金融产品/服务的实用性往往不在其使用性，而在于增值性，即客户购买金融产品/服务往往不是为了满足当下的需求、解决某一实际问题，而是为了让它在"未来"变多，从而使自己获得更多的收益。而"未来"或"未来的收益"总是"虚幻"的——仅仅存在于金融销售员或其客户的脑海里或期盼之中。比如，某一金融产品的收益或收益率无论如何都不是"现实"，总是只能"浮现"于金融销售员或其客户的脑海里；另外，收益率在不同的人心中，其高低或大小也是不同的，也就是不定的，比如，收益率6%是高还是低？它不像其他商品那样易于比较，比如汽车，其性能或特性往往是直观的——发动机是8缸还是12缸，百公里提速是5秒还是3秒，这种对比是可见可感的。

应对策略：金融销售员在销售产品/服务时，应该规避晦涩的专业词语，多用类比，尤其是要类比客户已经买过的金融产品/服务。通过类比，择优选择金融产品/服务。

2.2 同质性

随着金融行业的"内卷"日益严重，金融产品之间的抄袭模仿现象日趋严重，同质化程度也日益加深，客户找哪家公司的客户经理购买相似的两种产品中的哪一种实际上是没有本质区别的——比如，王女士在中国工商银行购买一款3年期年化利率3%的理财产品与在中国银行购买一款3年期年化利率3%的理财产品实际上是没有本质区别的。

应对策略：很多销售员会抱怨产品同质性太强，

不好卖。实际上正是因为产品同质性强，销售员才有价值。请记住：产品是相似的，但销售的人是不同的，要为客户提供有温度的服务，让客户记住你并信任你甚至依赖你，而不是产品。

2.3 复杂性

金融产品/服务往往在推出之初就很复杂，而且会随着升级换代而变得更加复杂；金融产品/服务多种多样、千差万别，各种产品、服务的特点也是迥然相异。总的来说，金融产品/服务具有复杂性。

应对策略：学习，抢先一步学习，终身学习，不断丰富自己的信息资源、知识储备。

2.4 合规性

在通常情况下，金融行业都是持牌照经营的，无论是银行、保险公司、证券公司，还是信托公司，都是需要持有牌照，才能提供产品/服务。这也意味着，尽管竞争会异常激烈，但还是会有行业底线的。金融销售员在开展业务过程中也应当有底线，不可做出触犯法规或者违背职业道德的事情。

应对策略：合规第一，永不逾矩。守规矩是通往成功的必由之路。在瞬息万变的社会中，这样的品质显得尤为珍贵。

2.5 服务的持续性

一般来说，普通商品一经售出，销售活动实际上即已结束，比如，一部手机一旦被卖给了某一客户，如果没有产生质量问题，客户通常是不会找客服的，更不会找销售员。金融销售则不然——某一金融产品/服务在被卖出之后，服务才刚刚开始，金融销售员需要密切跟进自己所卖出的产品/服务。比如，某一基金，金融销售员在销售之后还得密切关注其盈利情况，观察它在盈利方面是否跑赢了其他基金，为客户答疑解惑……如果基金盈利达不到客户的预期，客户自然会产生疑惑，甚至给金融销售员打电话质疑；如果基金连续大幅回撤（即便整个市场也大幅回撤），金融销售员的手机可能会被打"爆"——这个时候，金融销售员就需要好好解释，及时解除客户的疑惑。

应对策略：一诺千金，长期服务。

销售人员在销售某一金融产品或服务时，销售给客户的实际上是一种承诺——"我的产品非常好，我的服务超一流，我一周7天24小时随叫随到"，这显然是一种承诺；向客户传达的实际上是一种前置的预期——告诉或暗示客户自己所销售产品的收益或收益率如何。一旦客户购买了销售人员所销售的产品，实际上便信任了销售人员——相信销售人员所销售的产品和提供的服务。销售人员为了不辜负客户的信任，不仅要销售"货真价实"的能盈利或盈利率较高或比同类其他产品盈利率高的产品，而且要提供"货真价实"的服务。比如，如果承诺长期服务，就必须真正做到长期服务；如果所销售的是终身寿险，就需要为客户提供一辈子的服务；如果所销售的是经纪或托管服务，为客户提供的服务则需要持续到产品清盘为止。

2.6 客户的非理性

不少客户或潜在客户购买或拟购买金融产品/服务

往往是非理性的——看到周围的人买某一金融产品赚了钱或受了益,便跟风去买,并不是真正了解或者根本不知道该金融产品究竟是什么或是怎么回事,有何种预期收益或风险。

更有甚者,有些客户或潜在客户在购买或拟购买金融产品/服务时往往并不知道自己究竟想要买什么,甚至不知道自己想要的东西实际上并不存在,比如,许多客户或潜在客户都希望自己购买或拟购买的金融产品/服务低风险高收益——最好每年刚性兑付20%无风险收益,并且希望不花钱而享受最好的服务,但凡是有一点理性的人都知道这是不可能的。

应对策略:多花时间了解客户的真实需求,并对其做好投资者教育。

金融销售员如果通晓,至少是知晓金融产品/服务及其特点(至少是上述这些特点),并掌握应对策略,就意味着迈出了销售的第一步,否则,根本谈不上迈入了销售之门。

3. "小白"进阶方法二：
快速取得客户信任的五个步骤

金融销售员通晓自己所销售的金融产品/服务是进行销售工作的第一环，接下来的一环便是快速地取得客户或潜在客户的信任，实现业务落地和新客户转介绍。从多年的从业经验来看，笔者认为快速取得客户的信任大致需要五个步骤——接洽、联络、拜访、后续服务、转介绍。

3.1 接 洽

在这里，所谓接洽就是指金融销售员在开展业务的过程中寻找、接触潜在客户并与之建立联系。接洽是金融销售员开展业务的第一步，也是非常重要的一个环节。在这个环节，金融销售员要给潜在客户留下一个完美印象，同时，也要对所接触的潜在客户是否值得继续关注、值得发展做出判断。

一般来说，初涉金融销售业务的"小白"往往都会有一个疑问：我到哪里去找一个潜在客户或新客户呢？这实际上是一个既简单又复杂的问题。一个金融销售员到哪里去寻找一个潜在客户或新客户？具体情况要具体分析，金融销售员所销售的具体产品/服务不一样、服务种类不一样，寻找潜在客户或新客户的具体途径便不一样。陌拜、客户转介绍等便是一些具体的途径。无论采取哪一种具体途径，都要把握一点：用心去挖掘客户，请坚信客户就在你的身边。

如前文所述，在接洽的过程中，金融销售员要给潜在客户留下一个完美印象。什么样的印象才能被称作完美印象呢？如何才能给潜在客户留下完美印象呢？对于这些问题，很难量化、精准、具体地回答，不过，以下几个基本事项是应该予以充分考虑的。

3.1.1　形象管理

说到"颜值"高，人们免不了会想到莱昂纳多·迪卡普里奥、周润发、彭于晏或苏菲·玛索等影星。作为金融销售员，我们大可不必希望自己像这些影星一样形象俊美——我们也没法做到，但是，也不可"放任自流"，不对形象做丝毫要求。相反，我们应该想方设法让自己形象良好，如果我们"先天素质"不足，那就应该采取"后天措施"弥补。比如，做一个与自己脸型、气质、身材最匹配的发型，穿一身整洁、合身、高雅或尽可能高雅的衣服，让面容光洁、干净……使自己散发魅力，对客户或潜在客户具有足够的吸引力，从而建立信任的基础。

3.1.2 精通专业

作为专业人员，金融销售员要精通专业——金融专业的核心知识，并能在具体的销售过程中做到融会贯通。当然，即使是金融专家或金融学界的大腕儿也不可能对金融专业的知识无所不知、无所不晓，更不可能事先掌握金融专业的一些"新兴"知识，因此，金融销售员肯定也存在专业知识"死角"或对"新兴"知识不熟悉等问题，在这种情况下，要及时补充相关背景知识。如果客户遇到问题，而那些问题恰巧属于金融销售员的知识"死角"或不熟悉的"新兴"知识，还来不及补充，那么，销售员就要向后台专家请教，寻求支持。另外，金融销售员在拜访客户或潜在客户前，要对其背景有所了解或进行调查，对他们的兴趣所在要事先知道或有所知晓，对他们可能提出的问题做出预判并预备一些答案，这样在接洽时就会给人留下精通专业的印象。

3.1.3 沟通技巧

一个金融销售员要想成功地销售自己的产品/服务，善于沟通是不可或缺的能力——金融销售员在与客户或潜在客户沟通时，要让客户或潜在客户有如沐春风、如沐春雨的感觉，从而让对方心甘情愿地购买自己的产品/服务。有的金融销售员虽然形象不错、专业知识渊博、业务能力很强，最终却没有成功地销售出自己的产品/服务。这是为什么？其中原因是多方面的，但不善于沟通肯定是其中之一。

不善于沟通主要有如下表现。

（1）抓不住客户的需求。不少金融销售员在面对客户或潜在客户时，只会照本宣科地念一下营销材料，完全没有注意到客户或潜在客户对这种销售形式内心早已哈欠连天，在这种情况下，想成功地销售自己的产品/服务势必难于上青天。金融销售员在展开销售时，要根据客户或潜在客户的兴趣点选择或转换话题。比如，一个证券公司的机构销售员，本来是怀着销售托管业务的目的去拜访客户或潜在客户的，但在交谈中，明显地发现客户或潜在客户对经纪业务更感兴趣，那就应该立即转换话题，介绍自家的经纪业务，精准拿捏对方的需求。

（2）过于坚持己见。金融销售实际上是一门顺应人性的工作，顺着客户或潜在客户的心意向他们推介自己的产品/服务可以更好地赢得他们的信任，同时，也可以善意地提示或提醒他们应该注意的一些事项。但是，千万别与他们争辩，让他们产生逆反心理或不悦，进而影响自己销售产品/服务。

（3）目的性不强。在销售金融产品/服务时，不少金融销售员往往羞于提出自己的诉求，以至于聊到最后，客户或潜在客户也不知道他所销售的产品/服务是什么，能提供怎样的服务，导致销售失败。因此，金融销售员要想最终成功地销售自己的产品/服务，一定要坦诚、直截了当地向客户或潜在客户介绍自己的产品/服务，让他们一下子就了解到产品/服务的优点、预期盈利或盈利率以及售后服务等，使他们对自己所销售的产品/服务产生兴趣,最终成功地向他们销售该产品/服务。

如前文所述,在接洽的过程中,金融销售员要对所接触的潜在客户是否值得继续关注、值得发展做出判断。具体地说,要做到以下几点。

(1)金融销售员如果发现潜在客户将是一个大客户,那么,无论接洽结果如何,都一定要想方设法与他保持联络;如果发现或觉得他有较大的成单可能性或对金融销售员所销售的产品/服务比较感兴趣,那么,不仅要想方设法与他保持联络,还要想方设法进行回访,维系好关系,为销售打好基础。

(2)金融销售员如果在接洽某一潜在客户的过程中发现他对自己推销的产品/服务当时不太感兴趣,也不能一下子就放弃他,相反,还应该继续与他联络。为什么?一者是因为该潜在客户当时对金融销售员所销售的那一款产品/服务当时不太感兴趣,并不意味着以后也不感兴趣;二者是因为该潜在客户也可能对金融销售员将要销售的其他产品/服务感兴趣或对金融销售员所在公司的其他产品/服务感兴趣。

(3)金融销售员如果在接洽某一潜在客户的过程中

发现客户对自己所销售的产品/服务完全不感兴趣或者对自己非常反感，就应该果断放弃这个客户，否则便会浪费时间，损失不应该损失的时间成本。

3.2 联　络

金融销售员在进行销售工作时，联络是开展业务的第二步。具体地说，联络是指金融销售员在与潜在客户接洽之后，有意识、时不时地联系一下该潜在客户，让该潜在客户对自己产生一种熟悉感，从而打好感情基础，为以后建立信任关系做好铺垫。当然，金融销售员的联络不仅限于对潜在客户——对老客户也要保持一定频率的联络。

从金融销售的实践来看，客户在购买金融产品/服务时往往会选择他们所熟悉的金融销售员销售的产品/服务——这就表明，联络在销售过程中很重要，金融销售员应予以充分重视。在明白联络及其重要性之后，金融销售员还必须懂得联络的一些基本原则。大致来说，金融销售员在销售金融产品/服务的过程中有两条基本原则要特别注意。

3.2.1 联络要给客户或潜在客户带来价值或愉悦感

金融销售员切不要为了"刷存在感"而联络客户或潜在客户。联络客户或潜在客户要对客户有用或有意义,要给其带来价值或愉悦感。

有两种最常见的"刷存在感"的案例。

(1)朋友圈霸屏。有的金融销售员为了引起客户或潜在客户的关注,每天在朋友圈发几十条状态和广告文案,这些内容无趣且价值含量低,打开这样的朋友圈,全是销售广告。

(2)微信、短信轰炸。有的金融销售员会对客户或潜在客户每天甚至每半天群发微信,搞微信"轰炸",内容基本都是照抄公司广告,也不管这些内容对客户或潜在客户有没有用。

以上这两种案例最终的结果就是,要么客户或潜在客户把金融销售员的朋友圈屏蔽,要么客户或潜在客户把金融销售员的微信好友删掉。

3.2.2 联络要讲方法与技巧

对于金融销售员来说,明白联络及其重要性以及销售的原则等固然都很重要,但是,更重要的是联络本身——操作联络。怎样操作联络?具体的方式、方法、途径等均难以量化、细化。不过,以下几种值得认真考虑。

(1)使用微信或者电话主动联络。

金融销售员可以使用微信、微话或者电话与客户或潜在客户联系,拉近双方距离。不过,无论是使用微信、微话,还是使用电话,都要有自己独特的"套路"。如果有头没脑地给客户或潜在客户打电话、微话或发微信,说些言之无物的套话、空话,那必然会招致客户反感,最终对销售不但不会有所帮助,反而还会适得其反,给销售带来负面影响。

不过,作为一种方式、方法或途径,与电话和微话相比,微信要好得多。何以见得?微信可以通过发文字、发语音、在朋友圈点赞留言多种形式让客户或潜在客户产生熟悉感,而电话或微话只有一种"表现"形式,而且往往带有"逼迫性"——逼迫客户做出回应,

> 发轫　问鼎销冠的方法论

此即金融销售行业里通常所说的"逼单"。尽管一些金融销售精英或大腕儿偶尔也使用"逼单"这一手腕或技巧，但是，一般来说，金融销售员在销售产品/服务时最好不要使用。因为金融销售员向客户销售产品/服务从根本上来说是建立在两者相互信任的基础上的，而人与人之间的信任关系绝对不可能是通过逼迫的方式建立的，尤其是缺乏销售经验的"小白"。

尽管作为一种方式、方法或途径，与电话和短信相比，微信要好得多，但是，使用微信也要讲究技巧，具体地说，有两方面技巧。

①在节假日给客户或潜在客户发问候、祝福微信。

一年365天中，节日众多，如果每逢节日金融销售员就给客户或潜在客户发微信，那么，势必会给客户或潜在客户带来某种程度上的困扰，甚至让客户或潜在客户觉得自己被骚扰了。因此，金融销售员只能选择在一些重要的节日里给客户或潜在客户发祝福、问候信息。

对于中国人来说，重要的节日首先当数春节。春节是中国农历年一年中的节日之首。千百年来，中国人都会在春节期间彼此拜年；常言道："叫花子也有三天年"，在春节期间，再忙的人也要休息一下，人们之间联系一下一般不会让彼此觉得受到打扰或骚扰。因此，金融销售员在春节期间给客户发条微信，给客户拜年，送上自己的祝福，这完全是可以的，也是应该的，同时，也是十分必要的。

其次当数中秋节。中秋节还有一个别名——团圆节。中国人习惯在这一节日与家人高高兴兴地团聚在一起。因此，金融销售员在中秋节给客户发条微信，祝福客户一家人团团圆圆是非常合适的，同样也是很有必要的。

再次是元旦、国庆节。元旦是公历年的第一个节日，国庆节从政治的角度来说是一个国家最重大的节日，因此，这两个节日尤为重要，金融销售员在这两个节日里给客户或潜在客户发微信问候显然很有必要。

不过，有一些节日，比如重阳节、端午节，虽然对中国人来说同样很重要，但金融销售员不一定要给客户或潜在客户发微信。为什么？重阳节蕴含着"老"的含义，端午节蕴含着"丧"的含义。当然，金融销售员如果一定要给客户发微信，也要有选择性地发或发具有"讲究性"的用语，比如，重阳节最好只给年长的客户发微信，端午节最好只向客户发祝福"安康"等表述的用语。

②选择恰当的方式。

金融销售员在给客户或潜在客户发微信时不要群发；要表明客户或潜在客户的称呼；要自己编写内容，不要怕自己的语言笨拙，不要抄现成的微信语言，特别是不要套用"网红"模板。

（2）借助公司的力量联络客户。

①在公司推出新的产品/服务时，将对客户有帮助的产品/服务第一时间推荐给客户。

②在公司推出对客户有帮助的培训时，邀请客户来参加。

③在公司推出高品质的活动时，邀请客户来参加。

（3）通过社交平台对客户或潜在客户的朋友圈或同类媒体空间进行适度的"点赞"和评论。

金融销售员可以通过观察客户使用的社交平台，比如微信朋友圈、QQ 空间、抖音等，观察客户或潜在客户的喜好，投其所好地"点赞"和评论。不要对客户或潜在客户在朋友圈发布的所有内容都"点赞"，"点赞"代表着认同，不要强行"点赞"。

3.3 拜 访

经过一段时间的联络后,金融销售员与潜在客户建立了一定的信任关系,但不应该就此打住,而是应该再接再厉、乘胜追击——挑一个"黄道吉日"去拜访潜在客户,推进与潜在客户达成交易。常言道:"好事多磨",金融销售员不要指望一次拜访就与潜在客户达成交易——往往拜访一次后还得拜访第二次、第三次……直至交易达成,让潜在客户变成客户,或者直到交易了结。交易能成当然好,不成也要"善终",毕竟"买卖不成仁义在";而且,正如常言道:"山不转路转,石不转磨转"——潜在客户此时不买金融销售员所销售的产品/服务,说不定过一段时间以后会买,或者会买金融销售员以后销售的其他产品/服务,因此,一定要与潜在客户"善终"。

3.3.1 拜访前要做充分的准备

日本剑圣宫本武藏曾说过,"决胜在刀鞘之内",这句话用于金融销售员身上可以理解为金融销售员不能毫无准备、随随便便地拜访潜在客户，要在拜访之前做好充分的准备。比如，深入地了解潜在客户；对与潜在客户的交谈中可能要谈及的问题做预判，并充分地准备与这些问题相关的材料；针对潜在客户的兴趣、爱好准备一些能提升谈兴的话题；对可能出现的谈话场景进行模拟；投其所好地给潜在客户准备一点随手礼……在拜访潜在客户前做好这些准备，实际上就意味着可以在"刀鞘"之内"拿下"潜在客户，使之顺利地成为自己的客户。

3.3.2 不要贸然拜访

金融销售员与潜在客户联络一段时间，与其建立一定的感情基础之后再去拜访，潜在客户一般是不会拒绝或反感的。金融销售员与潜在客户签单最大的障碍，可能就是潜在客户所关注而又担心的个别问题，最多也就是2~3个问题。因此，金融销售员要预先想方设法找到那些问题，然后针对性地备好那些问题的最佳方案；最后再去拜访潜在客户，打消潜在客户可能存在的疑虑；循循善诱地让潜在客户心悦诚服、心甘情愿地购买自己所销售的产品/服务，从而将潜在客户变成客户。

在拜访潜在客户时，金融销售员如果得到潜在客户对合作的明确答复，那当然好；如果能现场签订合同，那更是再好不过。如若不然，金融销售员可以鼓励客户签单或约定签单日期，但肯定不能现场逼单。

3.4 后续服务

在潜在客户购买了金融销售员所销售的产品/服务成为自己的客户之后，金融销售员不要认为自己与该客户的关系就此了结，可以对客户撒手不管了，而是应该对客户持续提供售后服务。

3.4.1 以终为始

古人云："行百里者半九十。"同理，金融销售员成功地向客户销售了产品/服务实质上只是完成了销售工作的一半，甚至只是一小半——另外的一半甚至一大半则是之后的后续服务。

为什么这么说？这在很大程度上是由金融销售的性质所决定的。

金融销售员所销售的如果是收益没有波动的产品/

> 发轫 问鼎销冠的方法论

服务，比如证券公司的交易、托管、保险产品/服务等，就需要按照销售之前的承诺对客户提供相应的服务，而且应该把这些服务放在首位，并应在服务过程中始终保持热情和积极的态度。为什么？因为购买此类产品/服务的客户最关心的就是自己在购买产品/服务后所应该享受的服务和权利，担心在购买了产品/服务之后金融销售员撒手不管或"应付式"地服务一下了事。

金融销售员所销售的如果是净值类金融产品/服务，比如公募基金、私募基金、信托产品/服务等，就要特别关注客户的反应——如果那些产品/服务的业绩不佳，或者业绩没有达到客户的预期，又或者市场波动较大……客户会担心自己的收益问题，自然会急着向金融销售员问个究竟，希望金融销售员能对他提供帮助……此时，金融销售员就应该对客户做到"随叫随到""随问随答"，应该站在客户的角度思考客户的疑虑，为客户提供一个满意或相对满意的答案，或者向客户提供力所能及的人力、物力、信息等方面的帮助，想方设法让客户满意，至少要设法让客户得到情感上的宽慰。

3.4.2 规律·专业·真诚

首先,金融销售员在向客户提供帮助时要有规律。比如,定期与客户进行沟通,沟通时要热情、坦诚,要把公司的投资意图或规划定期反馈给客户,让客户对自己保持好感。

其次,金融销售员在向客户提供帮助时要专业。比如,当客户对所购买的产品/服务出现收益下降而提出疑问时,金融销售员要对客户做出专业性的解释,让客户觉得该解释既符合理论又符合实际,完全可信,而不是虚妄之言。

最后,金融销售员在向客户提供帮助时要真诚。金融销售员对客户不要讲套话,要实事求是地回答客户所提出的问题,如果自己应该对客户购买的产品/服务负有责任,则一点责任都不要推卸,一揽到底。

3.5 转介绍

转介绍是指金融销售员通过老客户发展新客户的方式做大、做强自己的销售业务。

金融销售员一旦成功地销售了产品/服务，购买者便成了自己的客户；之后，再向那（些）客户提供服务……随着时间的推移，金融销售员向那（些）客户提供的服务便越来越多，两者的交往也随之越来越频繁、关系越来越密切。于是，金融销售员便可顺势找机会请那（些）客户向其亲友推介产品/服务，当其亲友购买同一款产品/服务后，其亲友便成了金融销售员的新客户……通过这种辗转推介产品/服务发展新客户的方式，金融销售员的客户便越来越多，他所销售的产品/服务也越来越多，从而所做的业务便越来越大。

3.5.1 转介绍的优势

转介绍是金融销售中非常重要的一环——金融销售员能否把自己的销售业务做大、做强，在很大程度上取决于这一环。而且总的来看，转介绍的优点有很多，以下两点尤为突出。

（1）效果好。因为法律的限制，很多金融产品/服务是无法公开宣传的，或者无法向非定向客户宣传，比如私募，这种情况下，通过客户辗转推介产品/服务的方式效果比较好。此外，金融销售员及其产品/服务的口碑在相当大的程度上需要倚仗客户的评价。通常情况下，金融销售员"王婆卖瓜"般地销售自己的产品/服务一万次，抵不上客户对该产品/服务的一次正面评价。

（2）成本低。相对于全力开发新客户，金融销售员通过老客户转介绍来发展新客户，所付出的成本要低很多。如果是毫无关联的新客户，首先需要费尽心机找到联系方式，接着还需要花很长的时间来建立与客户的信任关系——转介绍便省却了这些中间环节。

3.5.2 主动暗示转介绍

有的时候，金融销售员也可以主动地暗示一下客户，请他帮忙转介绍客户；如果关系够好，还可以明示一下。这是为什么呢？因为很多客户是没有销售意识的，他脑海中可能是没有"转介绍"这个意识的。但是，他又觉得销售员服务得很好，也想帮销售员一把，这个时候，销售员可以适当地提示一下他，他大概率是愿意转介绍新客户。这样一来，销售员的人脉圈又扩大了一些。

CHAPTER 3
第三章

精英篇：
提高效率超越"小白"

发轫　问鼎销冠的方法论

1. 精英 VS "小白"

1.1 "小白"和精英的差距

金融销售员如果能够熟练地销售金融产品/服务，实际上就不再是销售"小白"了；接着，就应该再接再厉，进一步地磨炼自己——让自己超越销售"小白"，成为一个销售精英。

与金融销售"小白"相比，金融销售精英有两个较为突出的特点。

其一，金融销售精英成单效率要远远高于金融销售"小白"。与金融销售"小白"相比，金融销售精英表现相当突出的一个方面是成单时间短。对某一款金融产品/服务，金融销售"小白"在销售时很可能不成单或成单时间较长，比如，要用半年、五个月、四个月、三个月、两个月或一个月的时间，而金融销售精英则用一个月、一周或一两天就能成单。因此，金融销售员超越

"小白"成为精英的第一步便是缩短销售成单的时间。

其二,金融销售精英敢于营销,并且能够成功地营销大单。随着金融行业的头部效应越来越明显,占总客户20%的头部客户往往会给整个金融销售行业贡献80%的销售金额,因此,能否搞定大客户、拿下大单,在相当大的程度上,可以被视为体现一个金融销售员的个体创收和业务能力大小的标志,也可以作为判断一个金融销售员到底是精英还是"小白"的标志。

1.2 差距成因——销售实力与销售技巧

造成金融销售精英和"小白"在最终销售效果上产生差距的原因可以归为两点——其一是销售实力,其二是销售技巧。这两点也是一个金融销售员是否能成单或成功的两个决定性因素。

金融销售员销售产品/服务就好比田径运动员比赛,田径运动员最终能否获得好成绩取决于两个方面:其一是运动员的水平,其二是运动员的临场发挥能力。对于一个运动员来说,这两方面都是很关键的,比如,一个普通运动员和世界冠军林丹进行羽毛球比赛,那一定会一败涂地。为什么？因为在这种情况下，两人的实力起着决定性作用。但是，如果林丹和李宗伟进行羽毛球比赛，而林丹的状态又不怎么好，那么，两人就可能是"有来有回"，比赛的最终结果也很难说。

金融销售员的销售实力主要包括金融销售员所掌握的资源、金融销售员的专业能力、金融销售员的个人魅力等，这些都是金融销售员销售能力中的"硬"元素。提升这些元素需要金融销售员长时间的历练、艰苦的付出。

销售技巧则可汇总成一句话——如何让客户快速信任你。

2. 销售实力的提升——加强自身硬实力

2.1 掌握更多的资源

掌握更多的资源是金融销售员快速强化自己、提升实力的一个重要途径或方式、方法。怎样才能掌握更多的资源呢？大致说来，可以采取以下两种方式。

2.1.1 利用好公司资源

组织的力量肯定要比个人的力量大；销售员所在公司的力量要比销售员自己一个人的力量大，加之销售员所在的公司实际上是销售员工作的基础或"工作之家"。因此，销售员要想快速地强化自己、提高自己的实力，首先得在销售产品／服务时充分利用所在公司的资源；就金融销售员而言，更是如此。

金融行业从某种程度上来说是一个垄断行业，在经济运行中起着重大作用。金融销售员可能是乙方角色，但是金融机构一定既是甲方又是乙方，资源丰富，能量大。因此，金融销售员要搞好与本部门或跨部门同事之间的关系，让公司尽可能多的同事甚至是全体同事为自己的销售工作助力，从而实现充分地利用公司的资源。

2.1.2 整合客户的资源

任何行业的客户都有自己的特定资源——不论是教师，还是医生、企业家，都既有同学、朋友、亲戚或家属，又有同事及非同事的同行，同时还有特定熟人，比如，教师有自己的学生，医生有自己的病人，企业家有自己的客户……客户的这些资源中说不定就"藏龙卧虎"，销售员将客户的资源整合，变成自己的资源，其资源无疑将会扩大许多，实力也会提升许多；就金融销售员而言，更是如此。

从常识来讲，金融销售员的客户应该非常庞杂、繁多：三教九流、各行各业中都可能有人购买金融产品/服务，比如购买理财、保险，而他们都有自己的"特定资源"，比如同学、朋友、亲戚、同事、非同事的同行、特定熟人，金融销售员如果将这些资源整合，那么，其资源的扩大、实力的提升就无法估量了。

2.2 提升专业水平

不断地提升专业水平是金融销售员快速强化自己、提升实力的另一个重要途径。金融销售员可以通过以下方式来提升自己的专业水平。

2.2.1 持续地学习

能够入职金融行业，意味着金融销售员往往具备了一定程度的金融专业方面的知识，他们或者出自大学金融专业或相关专业，或者自学过金融专业方面的知识……而且绝大多数金融销售员在上岗之前都参加过培训，知晓一些金融销售方面的要求、方式、方法、技巧。但仅仅具备一些金融专业知识是远远不够的——随着时代飞速发展、社会进步日新月异，金融知识及金融销售技能时刻都在增加，这就要求金融销售员不断地学习经典的金融知识以强化、夯实自己的金融知识储备；不断地学习新兴的金融知识以扩充自己的金融知识储备；不断地学习在销售工作中悟到的一些知识，比如实战性、操作性较强的销售经验；不断地学习客户所提供、提示或暗示的"知识"，比如，可以在实际的销售中用作参考的客户的兴趣、爱好、期待心理等；不断地学习同事的经验，平常可以注重与同事交流销售经验，学习同事所有而自己不具备的销售方式、方法……通过不断的学习，金融销售员可以让自己的专业知识储备不断提升，从而让自己的销售实力得到提升。

2.2.2 参加考试获取含金量高的证书

人的一生中，尤其是现代人的一生中，总免不了有一些考试。同时，无论什么人参加什么考试，即使是参加一些测验性的考试，都一定会有所收获，得到一定的提升——即使考试成绩为零分，至少知道了自己的"无知"！而参加某些考试，特别是一些含金量高的考试，肯定能够提升自己。为什么？因为要达到参加考试的目的，比如，考进自己梦寐以求的大学或获得证书，都需要人们认真准备（学习），而认真准备（学习）当然能让人在知识、技能上得到提升甚至极大的提升。就金融销售行业来看，金融销售员参加考试获取证书，特别是一些含金量高的证书，更能提升自己的专业水平。

金融行业中含金量高的职业资格认证证书主要有CFA（Chartered Financial Analyst——特许金融分析师）证书和FRM（Financial Risk Manager——金融风险管理师）证书，这两种认证考试所涉及的知识涵盖了金融行业的核心同时又很实用。金融销售员要想通过这两种考试，并获取相应的证书，就得认真学习考试所涉及的知识，在实际的销售中有意识地运用学到的知识，这样，销售员无疑也会切切实实地充实自己、提升自己的实力；同时，也会由此提高自己对客户的吸引力。总的来说，这两种考试的试题很难，要想通过考试、获得证书着实不易。正是因为这两种考试的证书含金量非常高，金融销售员一旦获得了这些证书，便于无形之中提高了自己在客户或潜在客户心中的可信度，与一些没有获得这两种证书的金融销售员相比也更具魅力，这样，金融销售员自己的销售实力便在无形之中得到了有效的提升，也增加了成交的可能性。

2.2.3 博览群书

金融销售员所关涉的客户群体非常广泛——客户形形色色，遍及各行各业，关涉方方面面的知识。因此，金融销售员只有具备充足、相应的知识储备，才能有效地与客户或潜在客户打交道，并最终销售出产品/服务，达到自己的销售目的。

金融销售员怎样才能具备充足、相应的知识储备？一个简单、方便而又有效的途径便是广泛地阅读——阅读与客户或潜在客户及其需求相关的书籍，也就是说，凡是包含与客户或潜在客户打交道时需要或可能需要的

> 发轫　问鼎销冠的方法论

知识的书籍，金融销售员都应该阅读。不过，金融销售员的主要精力应该放在销售上，而不是阅读书籍上，因此，金融销售员在阅读书籍以丰富、充实自己的知识储备时要讲究方式、方法、技巧。比如，在阅读书籍时，可以按照培根所说的阅读方式进行："书有可浅尝者，有可吞食者，少数则须咀嚼消化。换言之，有只须读其部分者，有只须大体涉猎者，少数则须全读，读时须全神贯注，孜孜不倦。书亦可请人代读，取其所作摘要，但只限题材较次或价值不高者，否则书经提炼犹如水经蒸馏，淡而无味。"（《谈读书》）

金融销售员不仅要通过广泛的阅读以获取用于与客户打交道的知识，而且还要通过广泛的阅读以获取用来提升自己逻辑思维和思想的知识。在从事金融销售的这些年里，笔者有意识地扩展自己的读书面，阅读尽可能多的书籍；检视这些年所阅读的书籍，笔者深深地感到人文科学、销售、管理等类的50本书对提升自己与客户打交道、开展销售业务的能力以及提升自己的逻辑思维和思想有很大帮助。这些书包括：

（1）人文科学类：《人类简史》《人类的明天》《爱的艺术》《论人的本性》《上瘾五百年》《剧变》《中国原

生文明启示录》《曾国藩传》《史蒂夫·乔布斯传》《枢纽》《现代艺术 150 年》《社会性动物》《理性乐观派》《时间的悖论》。

（2）销售类：《专注》《穿越寒冬》《零售的哲学》《销售就是要玩转情商》《逆势销售》《销售中的心理学》《重新定义推销》《无价》《沟通的艺术》《一胜九败》《引爆点》《增长的本质》《社群营销实战手册》。

（3）管理类：《善战者说：孙子兵法与取胜法则十二讲》《中层领导力》《感召力》《引导力》《高效能人士的七个习惯》《领导力的五个层次》《经验的疆界》《卓有成效的管理者》《第五项修炼》《重新定义团队》《蓝海战略》《创业突围》《重来》。

2.2.4 选择高效、快捷的学习方式

总的来说，金融销售员主要是从事销售工作，而不是像学生那样"专业"、专心致志地学习，因此，在学习的时候，不能简单地埋头学习，而是应该选择高效、快捷的学习方式。就笔者的切身体会而言，以下学习方式较为高效、快捷。

（1）见缝插针式的学习。金融销售员一般没有太多

的时间用于学习某一知识，因此，要见缝插针地学习。比如，随身携带书籍和材料，在上下班或会见客户的途中，如果不能处理具体的业务，就可以阅读一些书籍或材料；晚上睡觉前，可以阅读事先准备好并放在床边或枕边的书籍。

（2）阅读原文。很多金融产品/服务的创新都是源于新的条文和法规的发布和推出。金融销售员要想精准地理解新的条文和法规以便利于自己的销售，就需要认真地阅读条文和法规的原文，而不是浏览一些新闻报道或第三方公众号上的解读就草草了事，因为新闻报道往往只是泛泛地涉及皮毛资讯，很多第三方公众号往往不得要领、自说自话，结论则往往模棱两可、似是而非。

（3）场景模拟。在金融销售行业，不少金融销售员不愿意学习新知识，觉得新知识跟自己没有关系或没有多大的关系。这种想法大错特错。为什么？因为新知识并不是没有用的，恰好相反，新知识往往很有用，非学无以广才，非志无以成学。比如，一些关于新业务的知识，如果金融销售员掌握了这些知识，对维护老客户和开发新客户实际上都是有积极影响的。怎样才能真正地掌握这些知识呢？一个超级有效的方法就是场景模拟。

所谓场景模拟就是在脑海中构想向客户销售产品/服务时的情形，场景模拟对于金融销售员理解新业务的开展、新产品/服务的销售大有裨益。这样，在实际工作时才能娓娓道来。

（4）向专家请教。金融销售员在销售产品/服务的过程中如果遇到问题，最好直接找专家请教，而不是随便找一个热心人请教。销售专家往往不仅具备丰厚的专业知识，而且有丰富的销售实战经验。金融销售员在销售产品/服务的过程中遇到问题时，如果直接找专家，不仅能将问题迎刃而解，还能获得提升专业知识和丰富销售实战经验的机会。而热心人虽然热心快肠，甚至可能对金融销售员所遇到的问题有一些独到的见解，但往往很难提供一些实质性的帮助，金融销售员甚至会因为一些似是而非的指点而贻误解决问题的最佳时机，或者南辕北辙地处理问题，结果不仅没有解决问题，反而让问题更加严重。

2.3 提升魅力

有句话说得颇好——颜值即正义。

> **发轫** 问鼎销冠的方法论

在现实生活中,"颜值"高的人在办事时比"颜值"不高或不太高的人更容易获得别人的帮助或认可。比如,同样是问路,帅哥或美女往往更能获得"向导"热情、准确的回答;到食堂买饭,帅哥或美女往往更能获得食堂员工的"关照";销售同一款产品/服务,帅哥或美女往往更容易获得客户或潜在客户的青睐……因此,对于一个人来说,"颜值"高无疑是一个不错的加分项。因此,金融销售员应该努力提高自己的"颜值",这也是金融销售员快速强化自己的一个相当有效的途径或方式、方法。

尽管"颜值"对于一个(金融)销售员来说很重要,但是,有关(金融)销售的书籍对"颜值"的问题并不重视或不太重视,很少甚至几乎没有提及或论及"颜值"以及提高"颜值"的问题。究其原因,主要有两个方面。

其一,受传统观念的影响。在东方文化的氛围下,在"灵"与"肉"两者之间,人们往往更看重"灵",更追求心灵美,因此,谈及外表美,比如,姣好的容颜,往往让人有所顾忌,担心有"好色"之嫌。有关(金融)销售的书籍面向大众,关涉社会观念和影响,稍有不慎，便会引起误解或争议，因此，对"颜值"以及如何提高"颜值"的话题便少谈或者干脆不谈。

其二，错觉。俗话说："生成的相，晒成的酱。"也就是说，人的长相是天生的、没法改变的，因此，人们往往不太注意在"颜值"的提升上下功夫，有关（金融）销售的书籍对"颜值"的问题不重视或不太重视也就顺理成章了。

尽管很多（金融）销售方面的书籍对"颜值"的问题不重视或不太重视，但是，（金融）销售员不可以不重视，反而应该注重提高"颜值"，至少应该充分运用一些方便、简易的方式、方法来提高颜值。

2.3.1 健身

健身可以说是提高"颜值"最有效、最健康的方式和方法。通过健身，男士可以让腹肌、胸肌、臀肌等变得发达，达到"脱衣有肉、穿衣显瘦"的身形效果；女士可以变得更为苗条、婀娜多姿，在瘦身的基础上，练出S形身材。尽管当前社会逐步提倡多元审美，但现实中肌肉匀称、苗条、S形的身材往往更容易受到欢迎和喜爱。

2.3.2 提升精神状态

一个人的"颜值"不仅取决于其物理状态——男士身材健壮、健美，面容英俊等；女士身材苗条、婀娜多姿、面容姣好等；而且还取决于其精神状态——男士积极、向上并体现在仪容、衣着上，女士细腻、温柔并体现在仪容、衣着上。

金融销售员经常直接与金钱打交道，会直接接触到有钱人甚至资本大咖级别的人，因而免不了会对金钱产生较强的欲望；由于工作忙，甚至废寝忘食，因而往往睡眠不足；由于在销售产品/服务时往往要反复与潜在客户打交道，要打"疲劳战"和"持久战"，因而养成疲沓的毛病……诸多因素组合在一起使金融销售员往往精神状态不佳，其"颜值"也因此大受影响。金融销售员要提高"颜值"、提升精神状态无疑是必需之举。

2.3.3 衣着得体

俗话说，"人靠衣装马靠鞍"。此话的含义之一是说，衣着对人的社会交往来说非常重要。就金融销售员而言，衣着尤其重要——衣着得体能大大地提升其"颜值"和可信度。金融销售员由于实质上是做关于金钱的买卖的,稍有不慎,便会让人产生负面印象;如果穿得邋里邋遢或不严肃,那么,潜在客户便会对其心生疑窦,不敢贸然接近,可能会放缓与其进一步打交道的步伐,以至于很难从潜在客户变成客户。因此,金融销售员要精心穿着。不过,说金融销售员要精心穿着,并不是说金融销售员要穿得多么华贵或精致,而是要穿着得体。对金融销售员而言,在工作场合,男士要穿标准的西装,不能穿运动装、休闲装等,否则会被视为衣着不得体;女士要穿西装或特制的套裙,也不能穿运动装、休闲装或过于暴露的服装等,否则也会被视为衣着不得体。

2.4 补齐必备技能

很多人存在一个误区,认为销售不需要什么技能,只要做好客户的公关工作,把客户的项目谈下来即可,如果遇到了什么问题,就把问题都交给中台、后台来解决。其实,这种观点是大错特错的——金融销售员绝不能仅仅把自己定位为一个只会冲锋陷阵的"前锋",而应该是一个既能冲锋陷阵的"前锋",又能运筹帷幄的"将军",因此,不能只想"搞定"客户,而是要多学习、储备好一些技能,当中台、后台指望不上时,自己直接下场"救火"。

具体地说,金融销售员要想"搞定"客户,成功地销售产品/服务,应该具备以下技能。

2.4.1 做好 PPT 和讲好 PPT

(1)做好 PPT。

也许有人会说,金融公司一般都会向其金融销售员提供销售资料,比如提供路演素材,并且可能还会提供相应的 PPT,因此,金融销售员用不着自己做 PPT。此种观点不无道理。但是,金融公司所提供的销售资料,包括相应的 PPT,往往具有普适性,针对性不强,因此,当销售员遇到一些有特殊要求的客户时,那些资料所起的作用不大。此时,就需要金融销售员提供一些直击客户痛点,还能提供解决方案的资料,而这就要求销售员自己动手做 PPT,而不能指望简单改一改公司提供的 PPT 或请后台帮忙做一个 PPT。就 PPT 而言,要想让客户满意,至少要做到以下几点:

①因"事"制宜，注重逻辑；

②和谐美观，简洁大方，重点突出，一目了然；

③杜绝大段地复制粘贴文字。

（2）讲好PPT。

对于金融销售员来说，讲PPT也是其搞定客户，成功地销售产品/服务的必备技能。

一般来说，要想讲好PPT，至少要注意以下几点：

①做好充分的准备——新的PPT至少要提前读2遍以上；

②要提炼文字，千万不要照本宣科地读PPT；

③边讲边看，根据客户需求随时调整；

④控制时间、有始有终；

⑤不可自曝其短——不少金融销售员在向客户或潜在客户介绍业务时，往往会有意或无意地谈到所销售产品/服务的缺点，似乎觉得只有这样才显诚意，其实，这种做法是大错特错的。金融行业"内卷"严重，金融销售员即使不提自己所销售产品/服务之短，其竞争对手早就在其客户或潜在客户那里把该产品/服务"黑"了个够。金融销售员自行揭短的行为只会让客户觉得很无语。

2.4.2 写发言稿或演讲稿

表面上看，销售员只需要会销售产品/服务再把产品/服务卖出去即可，但实际上不是这样，或不全是这样的。除了要有做好PPT和讲好PPT的技能之外，销售员还要能写发言稿或演讲稿，金融销售员尤其需要锻炼自己的文案水平。

金融销售员需要给领导写发言稿或演讲稿，也需要给自己写发言稿或演讲稿。怎样才能把发言稿或演讲稿写好呢？以下两种较为有效的方式、方法或途径有助于销售员写好发言稿或演讲稿。

（1）经常阅读甚至背诵权威机构的公文。

通常来说，新华社、《人民日报》等主流媒体发布的新闻稿，其内容精练而又充实，针对性强，措辞极为严谨而又流畅，感染力强，因此，堪称应用文类文章的范本，对于撰写发言稿或演讲稿具有极大的参考性和借鉴性。金融销售员通过经常阅读来熟悉掌握其中的写作逻辑，对自己写发言稿或演讲稿是大有裨益的。

（2）阅读和研究公司领导的发言稿。

公司领导的公开发言稿都是具有很高水平的，而且内容往往与公司未来的发展高度相关，对金融销售员的销售具有指导性和帮助性，因此，金融销售员如果经常阅读和研究公司领导的发言稿，对自己写发言稿或演讲稿也是大有裨益的。

2.4.3　营销材料的制作和展示

（1）营销材料的制作可外包。

金融销售员在制作营销材料时，应当学会"包装"，让营销材料看上去尽可能"高大上"，如有必要，可以将材料美化工作进行外包。现在做线上付费美化材料的店铺有很多，请这样的店铺对材料稍做美化，便能使营销材料脱颖而出。

（2）将营销材料转换成 PDF 文件后再展示。

金融销售员在销售产品/服务时免不了要发一些文件给其客户或潜在客户来向他们介绍自己的产品/服务或者回答他们的问题。然而，文件最初多是以 Word 文档形式发送的，而 Word 文档的文字及格式容易变化，客户或潜在客户阅读 Word 文档不如阅读 PDF 文件方便。因此，金融销售员就要具备转换文件格式的能力，比如，将 Word 文档转换为 PDF 文件；尤其是要具备在手机上转换文件格式的技能。

2.4.4　数据整理和分析能力

金融总是与数据紧密联系的，金融销售员也总是要与数据打交道的，因此，金融销售员要具备数据整理和分析能力。比如，能整理产品/服务的销售数据、客户购买产品/服务的收益数据、客户的数量、销售量等，能分析产品/服务销售数据等形成的原因。

不少金融销售员由于缺乏数据整理和分析能力，或数据整理和分析能力不足，对一些基本的数据往往都无法准确掌握。比如，一个月的业绩到底怎么样？客户中到底哪些是核心客户？如此，便对其销售产生直接的负面影响。

总的来说，金融销售员定期对客户数据进行详细分析是非常有必要的，而且在竞争激烈的环境下尤其必要——客户数据分析每周至少要进行一次。

2.5　提高工作效率

提高工作效率也是金融销售员缩短成单时间的一个

第三章 精英篇：提高效率超越"小白"

"要件"。

一般来说，在金融销售行业里，销售"小白"往往比销售"老手"成单少，相比销售精英成单就更少了，个中缘由可能有很多，但工作效率低无疑是其中之一。因此，一个金融销售员要缩短成单时间，除了要注意提高销售能力、销售技巧等之外，还要提高工作效率。

世人在对一个人进行评价时，往往以成败论英雄；金融行业对一个金融销售员进行评价（考核）时往往更是如此——金融公司对其金融销售员的考核，多数都以销售量来作为考核的标准甚至是唯一标准，"只看功劳，不看苦劳""只看收获，不看耕耘"，因此，金融销售员往往为了成单多、销售量大而疲于奔命，加班加点甚至废寝忘食，以致于给人以金融销售员特别累、特别忙的印象，好像他们每天都忙得一分钟的闲暇时间都没有。之所以如此，在很大程度上是因为金融销售员工作效率低下。金融销售员如果能够提高工作效率，这种状况就会改变了。

一个金融销售员究竟应该怎样提高工作效率呢？具体的方式、方法一言难尽，但以下几点是需要注意的。

2.5.1 金融销售员主导销售工作，而非被安排工作

在人和工作之间，人是主体，工作是客体；人是主动方，工作是被动方。因此，一定要由人安排工作，而不是由工作安排人——也就是不能让工作牵着人走。

工作是有轻重缓急之别的——大体说来，工作可分为重要而又紧急的工作、重要但不紧急的工作、紧急但不重要的工作、不重要且不紧急的工作。实际上，一个人每天重要而又紧急的工作绝对不会有太多，如果金融销售员觉得他每天的工作都是既重要又紧急的，那多半是由于没有把工作安排好，将一些不紧急的工作也当成了紧急工作。

2.5.2 制订并执行工作计划

一个金融销售员究竟应该怎样做才能处理好自己与工作之间的关系呢？大致说来，制订好工作计划、严格地执行工作计划、引领工作等是不可或缺的。

（1）制订好工作计划。

凡工作都应该做好周全的计划，只不过有的工作，

其计划是经过深思熟虑、反复推敲而制订的，比如国民经济计划、单位工作计划、大型工程计划、大型商业活动计划等。有的工作，比如与人交谈、顺便购物等，看起来好像没有计划，但实际上也是有计划的。与人交谈时，交谈者根据对方的话题，选择或调整语言，此即在做计划；顺便购物，一定是有购物需要或潜在购物需要，这种需要在某种程度上就是一种计划。金融销售是一项直接与金钱打交道或做金钱买卖的工作，稍有不慎，便会对购买者造成切切实实的损失，因此，金融销售无疑也是应该有计划的。也正因为如此，金融销售员在开始销售之前，就应该制订好工作计划，比如说，在决定销售一款金融产品/服务或是被指定、被要求销售一款金融产品/服务后，不应该不假思索地就开始销售，而是应该先琢磨如何销售——向谁销售？如何寻找潜在客户？如何接近潜在客户？如何接触潜在客户？与潜在客户接触时谈些什么？如何谈？追求什么样的谈话结果？如何实现期待中的谈话结果？何时签约？何时践约……金融销售员对这些问题都要进行周密的思考、周密的安排。

稻盛和夫在《六项精进》一书中提出了"六项精进"

的理念，即"付出不亚于任何人的努力""谦虚戒骄""天天反省""活着就要感谢""积善行，思利他""不要有感性的烦恼"(《六项精进》，中信出版社出版，2011年)，其中，"不要有感性的烦恼"，意思是说做事不能感情用事，也就是要理性地工作。而所谓理性地工作实际上就是指工作前要深思熟虑，制订好工作计划，然后按照计划工作。从本质上来说，制订工作计划本身就是一种理性活动，因此，工作计划的制订者在制订工作计划时要理性地进行，而不要有感性的烦恼，要敢于放弃部分安全感。金融销售员在制订自己的销售计划时更应该如此，否则，他所制订的销售计划将很难是一个好的销售计划，也会使计划很难实施或很难圆满地实施。

有一种人，整天忙忙碌碌、忧虑重重、焦躁不安，看见别人做什么他就跟着做什么，总是亦步亦趋地跟着自己艳羡的对象；领导偶尔说了一句或几句什么话，本来是很不经意的，而他却以为是"微言大义""意味深长"，便感惊恐不安或惊慌失措。之所以如此，重要原因之一就是他没有制订一个高效的工作计划。金融销售员应该竭力避免让自己陷入这种境地。

世界上最耽误工作、浪费时间的或许不是玩手机游戏，也不是刷短视频和偶像剧，而是没有制订好一个可行的工作计划。正是因为如此，工作起来毫无头绪，或者该着手工作的时候不工作、犹豫不决，不该做工作的时候贸然工作……最后，或者半途而废，或者不了了之，以失败告终。金融销售员要想不耽误工作、不浪费时间，提高工作效率，就要在开始销售之前制订好工作计划。

（2）严格地执行工作计划。

就工作而言，制订工作计划固然很重要，但执行工作计划更重要。为什么？因为好的工作计划如果不能被严格地执行，则该工作计划充其量不过是一纸空文。

为什么在现实生活中，很多人虽然制订了工作计划，但不严格执行呢？个中原因有很多，但以下三种原因却是最常见的。

其一，工作者定力不足。

工作者如果意志不坚、毅力不够、定力不足，那么，即使制订了工作计划，也不会严格地执行计划。为什么？因为在工作的过程中，工作者免不了会遇到或大或小、这样那样的艰难险阻。

一般来说，金融销售员在开发新客户的时候，不免

> **发轫** 问鼎销冠的方法论

会遇到客户的"门难进,脸难看"的情况;在维护老客户的时候,常常会遇到客户要求多、爱投诉的情况;在开始销售产品/服务的时候,需要向客户或潜在客户苦口婆心地描述或解说那些金融产品/服务的相关情况;在销售产品/服务的后期,又常常会碰到客户拖拖拉拉、不肯付款的情况。金融销售员如果意志不坚、毅力不够、定力不足,就有可能不再严格地执行计划——或者放弃潜在客户,或者放弃客户,或者不认真做好售后服务……从而最终影响销售,甚至导致销售失败。

其二,工作者优柔寡断,不够果敢。

李笑来曾在《财富自由之路》(电子工业出版社出版,2017年)一书中写道:"几乎所有的进步都是在放弃部分安全感的情况下才能获得。"也就是说,在李笑来看来,只要有勇气,敢作敢为,克服忧谗畏讥、优柔寡断,才能有所作为、有所成功。李笑来所言的确不差。在现实生活中,有的人本来可以大有作为、大获成功,但最终只是稍有作为或小有作为;有的人本来可以有所作为、有所成功,但最终一事无成……之所以如此,一个相当重要的原因就是他们不愿意"放弃部分安全感",忧谗畏讥、优柔寡断。具体到实际工作上,一个常见的表现便是工作者有了工作计划而不严格地执行计划。比如,一个金融销售员确定好了自己所销售的产品/服务,也制订好了销售该产品/服务的销售计划,但在销售的过程中,在应该按计划大力、大胆地寻找潜在客户时却因害怕找不到客户,或者怕受到潜在客户的冷遇甚至是轻视或嘲笑而畏畏缩缩、犹犹豫豫,迟迟不开始寻找客户;在物色到了潜在客户后,本来应该大胆地接近潜在客户,迅速拉近自己与潜在客户的关系,但因为担心潜在客户不好接近、不好交往而迟迟不去接近潜在客户或迟迟不与之交往;在与潜在客户交往时,本来应该大胆或大力地向潜在客户推介产品/服务,但因为担心有"王婆卖瓜,自卖自夸"之嫌便放弃推介或放弃大力推介……如此这般,最终当然只能导致自己的销售不及预期甚至彻底失败。

其三,工作者分不清主次、轻重缓急,常常陷于琐事而不能自拔。

凡是工作都有主次和轻重缓急之分,因此,工作者如果希望工作能顺利进行并有一个完满的结局,就要能分清主次、轻重缓急,并在工作计划中明确地标示或表达出来，在开展工作时抓住重点，做到纲举目张，而不是"眉毛胡子一把抓"，陷于琐事而不能自拔。具体到金融销售员更是常常如此。

比如，如果一个金融销售员所销售的是托管服务，客户在购买该托管服务后可能会每天给金融销售员打一个电话，向他询问一些问题——因为托管服务大抵包括产品/服务要素、出合同、开账户、教会客户使用网银以及成单后的后续服务等多个环节，客户会遇到很多的问题。如果一个金融销售员所销售的是私募基金，当净值涨的时候，客户想赎回但又拿不定主意，这种情况下可能会给金融销售员打电话或发微信、微话，向他咨询；当净值跌的时候，客户感到焦虑，这种情况下可能要给金融销售员打电话或发微信、微话，向他咨询。在这种琐碎的情况下，金融销售员就应该知道要严格地按照销售计划推进销售工作，妥善地处理好琐事。怎样妥善地处理那些琐事呢？大致说来，可以参考以下五点进行改进。

第一，引导客户找客服处理。凡是可以让客服处理的琐事，金融销售员都可以引导客户寻求客服处理。

第二，集中处理。金融销售员把琐事攒在一起集中处理。比如，不必时时刻刻盯着客户的微信、微话，如果没有客户打电话来，就可以每隔一个小时，集中处理一次客户的微信、微话。一个金融销售员如果事无巨细，事必躬亲，就会陷于琐事而不能自拔，甚至连在开车的时候也不得不接电话、微话，看微信、回微信。

第三，让助手或团队的其他成员处理。金融销售员如果是一个销售团队的负责人，则可以让助手或团队的其他成员处理琐事。一个销售团队，如果事无巨细，凡事都由其负责人处理，负责人往往会陷于琐事而不能自拔，甚至将整个团队管理成一盘散沙。

第四，标准化、格式化地处理。琐事处理起来往往并不麻烦，因此，可以设计一个或一些可以标准化、格式化地处理那些琐事的"方式"，比如，把客户常问的问题整理到一个 Word 文档里，设计一些可以让客户信服的答案，一旦有客户提出那些问题，金融销售员把那些答案直接转发给客户即可；否则，同一个或同一类问题每次出现，金融销售员都要字斟句酌地回复，如此这般，既费时又费事。

第五，利用零散时间处理。金融销售员除了直接销售之外，还要做一些非直接销售之事，比如向公司或上级写周报、日报等，如果花费正常的工作时间处理这些事情，就有一些本末倒置了，会浪费一些宝贵的时间和精力；但是，如果利用一些零散时间，比如坐出租车的时候、等客户的时候，把这些工作都完成了，这样也可以节省不少正常的工作时间。

2.5.3 制订自我学习与工作的计划

无论是谁，无论他做什么工作，除了要具备必要的知识、技能之外，还要不断地补给或更新知识、技能，这就需要他在工作之余争分夺秒地学习新的知识、技能。具体就金融销售员而言，金融销售员要在直接销售、向公司或上级写周报或日报等正常工作以及如吃饭、睡觉、与亲友交流等必要的日常生活活动之外，争分夺秒地学习新的知识、技能，而不要放任自流，白白地浪费时间去做刷短视频、玩游戏、刷朋友圈之类的事情。

不过，说起来容易，做起来难，要想真正说到做到，不半途而废，一个方便达成效果的做法就是给自己制定一个科学、切实可行的作息表，并严格执行。什么样的作息表才算科学、切实可行呢？具体是怎样的很难

说清楚。不过，一些成功人士或较为成功人士的作息表大多较为科学、切实可行，比如，笔者见到过的一位金融销售精英的作息表（无应酬情况下）：

6:30	起床
7:00—8:00	健身
8:00—8:20	整理＋吃早饭
8:20—9:00	到公司，处理手头学习资料，开公司晨会
9:00—9:30	处理手头工作
9:30—11:00	去 A 公司拜访
11:00—11:30	去 ×× 餐厅
11:30—13:00	和 B 客户吃饭
13:00—14:30	拜访 C 客户
14:30—17:00	拜访 D 客户
17:00—18:00	回公司整理流程
18:00—20:00	吃饭，回家
20:00—24:00	学习新知识及写次日计划

3. 销售技巧的提升——如何让客户快速地认可你

3.1 同质化原则

做任何事都有特定的与之相匹配的方式、方法，都要讲究技巧，一旦方式、方法、技巧等恰当，很可能事半功倍；否则，事倍功半。金融销售员销售产品/服务及成单当然也是如此。不过，金融销售员及其销售还具有特殊性。

总的来看，世间很多事物都是同性相斥、异性相吸，常见的如同种电荷相互排斥、异种电荷相互吸引；同名磁极相互排斥、异名磁极相互吸引……但是，金融销售员在向其潜在客户销售产品/服务时则不然：他要遵循同质化原则来寻找潜在客户，寻找与自己有共同的价值观，共同的兴趣、爱好，共同的朋友圈等的人或人群；然后，与那些人或人群交往、交谈，逐步拉近与那些人或人群的距离；最后，引导那些人或人群与自己签订购买自己所销售产品/服务的协议，从而让那些人或人群从自己的潜在客户转化为自己的客户。

金融销售员在向潜在客户销售产品/服务时为什么要遵循同质化原则？俗话说，"知音说与知音听，不是知音莫与弹"——如果金融销售员与其潜在客户没有共同的价值观，没有共同的兴趣、爱好，没有共同的朋友圈……那么，该潜在客户对销售员所销售的产品/服务也可能没有兴趣或没有太多、太大的兴趣，从而根本不会与金融销售员谈有关产品/服务的买卖之事，金融销售员最终也无法成功地销售产品/服务。

更直白、具体地说，同质化原则主要包括如下内涵。

3.1.1 共同的价值观

所谓价值观即人们基于一定的思维感官而做出的认知、理解、判断或抉择，它是人认定事物、判别是非的一种思维或价值取向，从而体现出一定的价值或作用。

如果金融销售员与其潜在客户价值观不同，他们不但很难走到一起，甚至哪怕是想"萍水相逢"可能也很难。因此，金融销售员在销售自己的产品/服务时首先要留意、关注、寻找与自己具有共同或相近价值观的人或人群。

3.1.2 共同的兴趣、爱好

人们在做事时，兴趣、爱好往往是能使其成功一半的助力；人们在交往时，共同的兴趣、爱好是使其开始交往、维持交往和发展交往的一个非常重要的因素。因此，金融销售员要想把产品/服务成功地销售出去，不但要对自己所销售的产品/服务及销售本身感兴趣，而且要让自己的客户或潜在客户对自己所销售的产品/服务感兴趣。如果双方都对该产品/服务感兴趣，他们之间的买卖成交的概率将大大增加。

3.1.3 共同的圈层

俗话说，"物以类聚，人以群分"。因此，金融销售员在销售产品/服务时应注意"共同的圈层"——同学圈、校友圈、亲友圈、客户圈、老乡圈、微信好友圈……在"共同的圈层"里，往往容易找到与自己具有共同价值观、共同兴趣、共同爱好的潜在客户。

金融销售员可以通过强化与客户共同的价值观，共同的兴趣、爱好，共同的圈层，从而让客户快速喜欢自己并购买自己的产品/服务。

但是，金融销售员如何才能强化与客户共同的价值观，共同的兴趣、爱好，共同的圈层呢？一般来说，可以通过以下几种方式：第一，建构或强化与客户共同的价值观；第二，建构或强化与客户共同的圈层；第三，培养或强化与客户的共同兴趣、爱好；第四，拜访；第五，聚餐和宴请。

3.2 建构或强化与客户共同的价值观

一般来说，金融销售员在某对象成为自己的潜在客户之前，很可能与该对象没有共同的价值观或者有较少的共同价值观——在这种情况下，金融销售员就要想方设法建构与之共同的价值观，否则，双方就很难有交集，双方之间的买卖关系更不可能成立。双方在构成金融销售员与潜在客户关系之后，显然是有共同的价值观的——多少有一点，否则，双方是不可能构成金融销售员与潜在客户的关系的。但是，双方共同的价值观又是不可能完全重叠或完全相同的。因此，金融销售员要想成功地向潜在客户销售自己的产品/服务，就要想方设法强化与潜在客户的共同价值观。

但是，金融销售员如何才能建构或强化与潜在客户的共同价值观呢？就该问题而言，大致可以从以下两个方面着手。

3.2.1 金融销售员表现出与客户趋同的价值观

金融销售员在与某一个可能的潜在客户交流的过程中，一旦发现自己与该可能的潜在客户价值观不一致，在不违背世俗道德和基本原则的基础上，认可并强调与客户价值观的趋同处，以下几个反面例子要谨慎对待。

可能的潜在客户信奉"996是福报"的工作狂理念，而金融销售员却表现得像是个无欲无求的"躺平青年"。

可能的潜在客户秉承的是"合作伙伴要选最好的"这种理念，而金融销售员却表现出"能凑合就行了"的态度。

可能的潜在客户是个抓大放小、做事只抓

主线的人，而金融销售员却表现得像个注重细节的偏执狂。

可能的潜在客户是个行动利落的实干家，而金融销售员却表现得像一个天马行空的空想者。

金融销售员与可能的潜在客户交流时，多谈论一些价值观趋同的话题，拉近与可能的潜在客户之间的距离，进而使其成为自己的潜在客户，并最终成为自己的客户。

金融销售员表现出在价值观上与那些潜在客户趋同甚至是重叠或相同是最重要的环节，从而让那些潜在客户觉得金融销售员在价值观上与自己是"知音"，进而对销售员所销售的产品/服务产生浓厚的兴趣，从而成为金融销售员的客户。

3.2.2 金融销售员引导客户向自己的价值观趋同

世界上有两件事最难：一是把自己的思想装进别人的脑袋里；二是把别人的钱装进自己的口袋里。

发轫 问鼎销冠的方法论

金融销售员根据产品/服务的特点，有意识地寻找潜在客户，当发现某一可能的潜在客户时，有意识地引导该可能的潜在客户在自己所销售的产品/服务上与自己的价值观趋同，通过交流，把自己的价值观输入该可能的潜在客户的观念中，最终让该可能的潜在客户成为自己的潜在客户。比如，参加一些能强化与可能的潜在客户共同价值观的聚会、娱乐活动或公益活动，让可能的潜在客户认同自己的价值观，并最终对自己及自己所销售的产品/服务产生充分的信任，成为自己的潜在客户。

不过，并不是说从以上两方面着手就一定能建构或强化与客户共同的价值观。金融销售员建构或强化与客户共同的价值观并不容易，因为客户的价值观往往不易被知晓。想精准预判客户的价值观是很困难的，但有以下两种方法可以大幅提升预判成功的概率。

（1）做好客户背景调查。通过调查客户背景，包括年龄、星座、籍贯、学历及毕业院校、从业履历，可以对客户的价值观进行预判。

（2）加强知识储备。优秀的金融销售员往往有种能力——无论客户说什么话，都能接住。之所以如此，在很大程度上得益于金融销售员强大的知识储备。判别客户价值观大体也是如此，如果金融销售员知识储备足够多，在交谈过程中，就能很快判断出客户的价值观。

3.3 强化或建构与客户共同的圈层

金融销售员与其潜在客户往往处于不同的行业，双方在成为金融销售员与潜在客户的关系之前，彼此之间很可能没有交集甚至相互不认识，因此，不大可能有共同圈层。如果真的没有共同圈层，那么，在金融销售员与潜在客户的关系形成之后，金融销售员就应该立即着手想方设法建构共同的圈层，通过这些圈层来加强和巩固与潜在客户的关系——金融销售员与潜在客户既然同属一个圈层，那么，当然有共同点。金融销售员如果能想方设法扩大、增多、增强与潜在客户的共同点，便能加强和巩固与潜在客户的关系，从而让潜在客户逐步信任自己，并最终完全信任自己，成为自己的客户。金融销售员如果与潜在客户在形成这种关系之前已有共同的圈层，金融销售员则应该想方设法强化共同的圈层，并通过共同的圈层加强和巩固自己与潜在客户的关系，让潜在客户进一步信任自己，并最终完全信任自己，成为自己的客户。

3.4 培养或强化与客户共同的兴趣、爱好

共同的兴趣、爱好是人与人交流、交往以及建构某种特定关系的重要基础，因此，金融销售员在发现了可能的潜在客户或潜在客户之后，要立即着手培养或强化与其共同的兴趣、爱好，从而拉近与他的关系，促使其最终成为自己的客户。

金融销售员如果与可能的潜在客户或潜在客户没有共同的兴趣、爱好，就应该培养与其相同的兴趣、爱好。

怎样培养呢？一般来说，大致有两种方法。

方法一，重点突破。观察重要客户的某项爱好，进行重点培养。

方法二，全面撒网。金融销售员最好可以掌握所有常见的兴趣爱好，全面提高覆盖面。常见的兴趣爱好可以分为体育类和文娱类：体育类活动主要有羽毛球、篮球、足球、网球、滑雪等；文娱类活动主要有读书、唱歌、跳舞、打牌等。

3.4.1 体育类

（1）羽毛球。打羽毛球可以说是金融行业社交活动中的第一大运动项目——无论是银行、证券公司、保险公司中，还是一些大型企业、上市公司里，喜爱羽毛球的人都大有人在。而羽毛球运动又有个非常突出的优点——学习起来方便、收效快；一个人如果请教练培训一个月，自己再练两个月，即使没有多么高超的球艺，也肯定能用来与人进行社交活动了。因此，如果可能的潜在客户或潜在客户没有打羽毛球方面的兴趣、爱好，金融销售员也很容易培养他们这方面的兴趣、爱好；如果金融销售员自己没有打羽毛球方面的兴趣、爱好，而可能的潜在客户或潜在客户有这方面的兴趣、爱好，金融销售员也很容易培养起自己打羽毛球的兴趣、爱好，或很容易通过学习打羽毛球来陪可能的潜在客户或潜在客户打，拉近与他们的关系，并让他们最终成为自己的客户。

（2）篮球。打篮球也是金融行业社交活动中的一大运动项目。与打羽毛球相比，打篮球劣势明显——既不容易入门，又不容易提高；一个人篮球打得好不好，在

> **发轫** 问鼎销冠的方法论

工作之前就决定了——很多人是在上大学时就决定了篮球水平，工作后很难培养或提高。但是，篮球也有明显的优点——篮球运动是一项竞技性和观赏性都很强的运动，具有很大的话题性。因此，金融销售员要有意识地培养或强化自己与可能的潜在客户或潜在客户对篮球的共同兴趣，比如，直接参与篮球比赛，聊一些有关打篮球或相关球星的话题来建构或发展与他们之间的关系，从而使他们最终成为自己的客户，或让他们在成为自己的客户之后继续或加大力度购买自己的产品/服务。

不过，金融销售员在与可能的潜在客户或潜在客户聊有关打篮球或相关球星的话题时要注意一些"技巧"。比如，可能的潜在客户或客户是年长者，那么，就聊一些他们关于篮球的运球、投篮、急停转身技能以及他们所熟悉的球星这类话题，这样，会让他们有一种回到青春时代的感觉；如果可能的潜在客户或客户是20世纪七八十年代出生的，最好聊他们青少年时期的球星，如迈克尔·乔丹、"魔术师"埃尔文·约翰逊、拉里·伯德、斯科蒂·皮蓬、查尔斯·巴克利等；如果可能的潜在客户或客户是20世纪八九十年代出生的，最好聊"96黄金一代"，主要有"黑曼巴"科比·布莱恩特、"答案"阿伦·艾弗森、"风之子"史蒂夫·纳什、"独狼"斯蒂芬·马布里、"君子雷"雷·阿伦、"大Z"扎伊德鲁纳斯·伊尔戈斯卡斯、佩贾·斯托亚科维奇和本·华莱士等——这8人全部入选过"全明星球员";如果可能的潜在客户或客户属于"00后",最好聊"小皇帝"勒布朗·詹姆斯,"甜瓜"卡梅隆·安东尼,"龙王"克里斯·波什,"闪电侠"德怀恩·韦德,"神射手"凯尔·科沃尔、大卫·韦斯特和克里斯·卡曼,"白魔兽"布雷克·格里芬,德玛尔·德罗赞,朱·霍勒迪等。

(3)足球。足球被称为"世界第一运动",在金融行业也同样广受欢迎。同打篮球一样,一个人在进入社会工作之后踢足球,既不容易入门,也不容易提高;一个人篮球打得好不好,基本是参加工作之前的运动底子决定的,参加工作后很难培养,踢足球也是如此。不过,同篮球运动一样,足球运动也是一项竞技性和观赏性都很强的运动,有很大的话题性——一般人多少都对欧洲杯、世界杯等国际足球赛事有所了解,人们在聊欧洲杯、世界杯等赛事时也容易找到共同的话题。因此,金融销售员可以根据可能的潜在客户或潜在客户对足球的兴趣、爱好来培养自己对足球的兴趣、爱好，以形成与他们相同的兴趣、爱好，最终与他们做成买卖——建立金融销售员与客户的关系；在金融销售员与客户的关系构建成功之后，金融销售员则可以强化自己与客户共同对足球的兴趣、爱好以强化双方的买卖关系。

（4）网球。网球运动在海归金融圈是非常受欢迎的，因此，如果可能的潜在客户或潜在客户是海归，金融销售员可以培养或强化与客户在网球方面共同的兴趣、爱好，让他们最终成为自己的客户甚至是长久客户或大客户。与篮球、足球相比，打网球入门和提高都不是太难，在教练的指导下，3个月左右就可以上场了，因此，无论是对金融销售员来说，还是对可能的潜在客户、潜在客户、客户来说，打网球都不是一件难事，金融销售员培养或强化与可能的潜在客户、潜在客户、客户在打网球方面的共同兴趣、爱好较为可行。因此，金融销售员要充分利用这一点来培养或强化与可能的潜在客户、潜在客户、客户的关系，达到自己的销售目的。

（5）高尔夫球。高尔夫球运动是一项具有独特魅力的运动，可以让人们在优美的自然环境中锻炼身体、陶冶情操、修身养性、交流技巧，被誉为"时尚优雅的运动",在金融圈子内很有影响力,且很流行,很多金融产品/服务的购买者都爱好打高尔夫球。金融销售员如果有打高尔夫球的爱好,就可以强化这一爱好,提升球技,以便寻找喜好打高尔夫球的潜在客户或与喜好打高尔夫球的客户建立更好的联系;如果没有打高尔夫球的爱好,则可以培养这方面的爱好以备"不时之需"。

(6)滑雪。滑雪对许多人来说是冬季里的一个相当不错的运动项目。总的来看,此运动项目也颇受金融行业人士的青睐。伴随着2022年冬奥会在中国的成功举办,冰雪运动在国内的民众中越来越流行,滑雪运动越来越受到人们的喜爱,许多金融行业人士对此更是乐此不疲。同时,滑雪容易学习,且具观赏性——双板滑雪学起来更为容易一些,就一般人而言,在教练的指导之下,差不多一个冬天就可以学会了;单板滑雪则更酷炫,观赏性更强。因此,金融销售员可以培养或强化自己与可能的潜在客户或潜在客户在滑雪这一运动项目上的共同兴趣、爱好,以便拉近双方的关系,最后做成买卖——让他们成为自己的客户;在他们成为自己的客户之后,再通过这种方式来巩固客户。

3.4.2 文娱类

（1）唱歌。唱歌是一种老少皆宜、老少皆能的活动，人们可以通过唱歌交流感情、增进友谊、巩固和加强关系，因此，金融销售员可以培养或强化与可能的潜在客户、潜在客户或客户在唱歌方面的共同兴趣、爱好。

一般来说，金融销售员在与可能的潜在客户打交道的过程中免不了要吃饭，吃饭之后往往会安排唱歌的活动，或者干脆安排专门的唱歌活动，因此，金融销售员要注意培养或强化与可能的潜在客户或潜在客户在唱歌方面的共同兴趣、爱好。除此之外，唱歌可以说是人类最早、最普遍的文娱活动，每个人都有与生俱来的唱歌因子，学习唱歌不难，因此，金融销售员也容易学习、培养或强化唱歌技艺。

金融销售员如何培养或强化与可能的潜在客户、潜在客户或客户在唱歌方面的共同兴趣、爱好呢？一个简易而常见的方法便是练几首拿得出手的歌，然后约客户去 KTV 唱歌。但是，在 KTV 唱歌的时候，金融销售员有几点问题需要注意：

①不要当"麦霸",要为客户点好歌。

②不要唱太悲伤的歌或太平淡的歌,也不要选太另类的歌,尽量去选一些高亢、节奏感强的歌。

③要根据客户的年龄和经历,选一些符合可能的潜在客户、潜在客户或客户审美的歌,如果在场的客户是"70后"甚至更年长的,而金融销售员却选了说唱型歌曲或者网络"神曲",场面可能会很尴尬。

(2)跳舞。跳舞是一种大众性的文娱活动,堪称老少皆宜。同时,跳舞也很"方便灵活"——一个人、两个人、多个人、一群人……都可以跳舞;在舞会上和非舞会上、舞池内和非舞池内都可以跳舞。金融圈的人多多少少都会跳一点舞或会参加跳舞的活动,因此,金融销售员要会跳舞,或要学习跳舞,或要提高跳舞的水平。客户如果已经会跳舞,金融销售员就要提高自己的跳舞水平,以便与有跳舞兴趣或爱好的可能的潜在客户、潜在客户或客户建立关系或者强化关系。

(3)打牌。打牌是一种常见、简易且交际性很强的娱乐活动,一般人都会喜欢,人们也常常通过打牌来建立或巩固感情,因此,金融销售员可以培养或强化与可能的潜在客户、潜在客户或客户在打牌方面的共同兴趣、爱好，以拉近与他们的关系，进而与他们做成买卖。当然，也要注意尺度，切不可上升到赌博的程度。

大致说来，金融销售员可以在棋牌类游戏上投入一些努力以便拉近与可能的潜在客户、潜在客户或客户的关系，从而促进自己的销售。

需要强调的是，金融销售员一定要注意切换——要根据客户的兴趣、爱好来选择文体项目以达到拉近双方关系的效果，而不能根据自己的兴趣、爱好来选择文体项目或盲目地选择文体项目。

3.5 拜 访

拜访既是与他人交往的一种常见手段，也是人与人之间增进了解、建立和强化感情与友谊的一种颇为有效的手段。就金融销售而言，金融销售员一旦物色到了可能的潜在客户或潜在客户就应该想方设法去拜访他，从而让他快速认可自己，成为自己的客户；一旦有了客户，要想维系、巩固和发展与客户的关系，更要拜访他。而金融销售员如果想恰到好处地拜访可能的潜在客户或潜在客户，让拜访产生积极的作用和效果，首先要对可能的潜在客户或潜在客户有一个正确的了解和预判。

大致说来，可能的潜在客户、潜在客户或客户可分为强人型、开朗型、成熟型、专家型等类型；在大致了解和预判了可能的潜在客户、潜在客户或客户所属的类型后，金融销售员要有的放矢地进行拜访，同时，拜访、交流时要有的放矢地使用语言。

3.5.1　对强人型客户的拜访

金融销售员在拜访强人型客户（或可能的潜在客户、潜在客户）时，谈话要开门见山，要非常专业地和他讲数据、定目标，讲明自己所能做到的事和需要他去做的事。

3.5.2　对开朗型客户的拜访

金融销售员在拜访开朗型客户（或可能的潜在客户、潜在客户）时，谈话时要冷静，要问一些要害问题——因为开朗型的人往往不太注意细节，对事情爱大而化之，对一些关键问题往往会忽略，如果"随缘"了，容易留一些"后遗症"，所以，金融销售员头脑要冷静，要向客户问一些正中要害的问题。

3.5.3 对成熟型客户的拜访

金融销售员拜访成熟型客户（或可能的潜在客户、潜在客户），谈话时，要和他深入地交流价值观，只有让他在价值观层面认同金融销售员，他才能够真心地认可金融销售员，进而产生购买金融销售员所销售产品/服务的意向或购买金融销售员所销售的产品/服务。

3.5.4 对专家型客户的拜访

金融销售员在拜访专家型客户（或可能的潜在客户、潜在客户）之前，要做好充分的准备，比如，把客户（或可能的潜在客户、潜在客户）可能会问到的问题列出来，预先准备好答案，做到有问必答且答得尽善尽美。同时，拜访期间在回答客户（或可能的潜在客户、潜在客户）的问题时，要尽可能多地列举一些数据来佐证自己的观点。

金融销售员在拜访客户（或可能的潜在客户、潜在客户）时除了要因人而异之外，还要特别注意，对所有客户——不论他属于哪一类型，都要学会倾听、善于倾听，切忌对其滔滔不绝地说个不停，而是要引导他向自己滔滔不绝地说个不停，让他把最真实的想法告诉自己，并且还要通过他的诉说了解其意向。如此，才能为其推荐最适合的产品。

3.6 聚餐和宴请

从古至今，聚餐和宴请都是人与人之间加深了解、巩固和发展友谊、强化关系的一种方式。就金融销售而言，金融销售员也常常通过宴请可能的潜在客户、潜在客户或客户的方式来拉近与他们之间的关系，了解他们的兴趣爱好，最终使其成为自己的客户或长期/铁杆客户。聚餐和宴请时，金融销售员要注意对餐厅、菜肴、酒水等的选择，一定要根据对方的喜好来进行选择。

3.6.1 选择餐厅

聚餐和宴请时，金融销售员要提前了解可能的潜在客户、潜在客户或客户的喜好，选择他们喜欢的餐厅——如果他们喜欢吃西餐，金融销售员在订餐时就应该选择西餐厅，而绝不能选择中餐厅，反之亦然；同时，也一定要选择可能的潜在客户、潜在客户或客户方便的餐厅，餐厅位置尽量离他们的住址或办公地点近一些，方便他们就餐和回家。

3.6.2 选择菜肴和酒水

聚餐和宴请时，金融销售员除了要选择可能的潜在客户、潜在客户或客户所喜欢的餐厅之外，还要选择他们喜欢的菜肴和酒水。

有一些潜在客户、潜在客户或客户可能会对菜肴和酒水有所偏好；因此，金融销售员在与他们聚餐时，要适当地选择菜肴和酒水——一定要选择他们所喜欢的菜肴和酒水，而规避他们不喜欢的菜肴和酒水；如果不能事先知道他们喜欢什么样的菜肴和酒水，可以根据其出生地或生活时间较长的地域进行简单的判断，比如，可以大致地认为出生在四川、重庆、湖南、湖北或在这些地区生活时间较长的人一般偏好辣味，因此，可以点一些辣味较浓的菜；而出生在东北、海边城市或在这些地方生活时间较长的人一般喜爱烧烤，因此，可以点烧烤或与之相关的菜。点菜时除了味道之外，在菜的数量方面也要注意——一般点菜的数量等于总人数加一道，比如，如果是六个人，就是一共点七道菜，可以包含两道凉菜、四道热菜（三荤一素）、一份汤，另外再加上主食和一份甜品；如果客户从外地过来，还可以点一些当地名菜或者特色菜。

除菜之外，在酒的方面也要注意。国内餐桌上常见的酒有白酒、红葡萄酒、啤酒等，香槟、白葡萄酒、黄酒偶尔也会涉及。因此，在宴请可能的潜在客户、潜在客户或客户时，金融销售员可以根据他们的喜好从这些酒中进行挑选。在喝酒时，金融销售员要根据客户的情况来决定喝多少，比如，如果客户是喝酒界的"洒家"，那么，你在喝酒时则要端起酒杯一饮而尽。

3.6.3 结　账

在中国的正式聚餐和宴请场合，谁来结账是个大问题。中国是礼仪之邦，结账在很多时候能体现"面子"的问题。不应当由你结账的时候，你硬抢着结账，看似出了钱，实际上驳了对方的"面子"，反而不好。通常来讲，在金融销售行业，谁来结账往往遵循以下几个原则——在非金融销售行业也可以遵循以下几个原则：

（1）由组织者结账；

（2）要尽地主之谊，在谁的地方吃饭，就由谁结账；

（3）求对方办事的那一方结账；

（4）一般来讲，金融销售员尽量去结账，至少要做出结账的姿态；

（5）要悄悄地结账，不要声势过大。

4. 精英的困局

4.1 金融销售员的月之暗面——到底是什么阻碍了金融销售员的进步

当大家提到金融销售的工作特点时，第一时间想到的词可能是"对外""公关""开朗"；当大家提到一个优秀金融销售员所具备的品质时，往往会联想到"勤奋努力""永不放弃""业绩放在第一位"等。

这些当然都没有问题,但是,有一些金融销售员也常常感到困惑——我已经做得很好了(做到了如前文所述的那些要点),为什么我的业绩还是不好呢?金融销售员如产生这一困惑,不妨抬头看看天上的月亮——只要看看天上的月亮就会发现,无论是哪一天看,无论是从哪个角度看,我们所看到的始终都只是月亮明亮的一面,这正是由于月球自转一周与环绕地球运动一周时间相等,两种运动的方向和速度一致,所以,在很长一段时间里,人类始终无法得知月球背面的情景。直到1959年10月,苏联发射的"月球3号"探测器第一次拍摄到月球的背面,于是,人类第一次见到了月球背面的真面目。

人类如果站在地球上就想了解月球的全貌,那是永远都不可能的。与此类似,作为一个金融销售员,他在销售产品/服务时,应注意不要只知道对外"冲锋陷阵",不注意维护内部关系;只知低头赶路,不知抬头看月;只知锲而不舍,不知及时止损……否则,很难成为一个金融销售精英。

4.1.1 只知道对外"冲锋陷阵",不注意维护内部关系

虽然看起来是金融销售员自己在销售产品/服务,但实际上是一个团队或团体在进行销售。金融销售员的工作必然要依附于某一机构或组织,或者与之有关联,因此,在销售产品/服务时,要注意处理好与所在团队或团体的关系。

不少金融销售员在销售产品/服务时很投入,甚至可以说是将所有的精力都投入到可能的潜在客户、潜在客户或客户身上,但是,没有注意维护好内部关系,结果就很糟糕。比如,金融销售员可能会被领导认为不好管理,领导便"先发制人",时不时地找碴儿,对其发展加以限制;被同事认为不好相处,同事便对其"敬而远之",或者"见死不救";被同伴(团队成员)认为不好合作,同伴便在与其合作时消极怠工;不能得到中台、后台同事的支持。除开拓市场、建立和维护客户关系、处理危机等之外,金融销售员随时会有突发状况需要靠中台、后台的同事来解决,但由于没有处理好与中台、后台的关系,中台、后台便不去做或者不积极去

做……于是，金融销售员陷于孤军作战，做事便总会捉襟见肘、力不从心，最后，在销售产品/服务时，要么半途而废，要么不如预期，甚至完全以失败告终。

反之，一个金融销售员如果与领导关系不错，领导便很可能时时处处支持他的工作；如果与相关同事的关系维护得不错，同事便会帮助他，比如帮助他处理好与客户的关系，帮助他给客户争取更多的资源，让客户体验到更好、更专业的服务，从而继续做他的客户；如果与同伴的关系处理得好，同伴便能在与他合作时积极主动，与他一起把销售做得更好。

4.1.2 只知低头赶路，不知抬头看月

很多人认为，相较于其他岗位，销售对学历的要求相对较低，往往把销售当成了一种体力活，觉得销售不需要动脑子，只要埋头苦干就行了，这也导致许多销售员很少思考有关销售方式、方法、技巧方面的问题，更不用说总结、提炼工作方式了。于是，在销售的过程中，销售员几年如一日地采取同一种方式、方法，也不注意运用甚至干脆不运用销售技巧，结果，既不能满足客户（不断变化）的需求，又不能保持对客户的吸引

力，导致最终失去客户，自己也惨遭淘汰——这种情况在金融销售行业体现得尤为明显。

4.1.3 只知锲而不舍，不知及时止损

虽然说"人之初，性本善"，但是，人并非永远都"性本善"；虽然说，世界上好人占大多数，但是，难免有一些破坏一锅粥的"老鼠屎"。因此，金融销售员不要指望与自己打交道的人，尤其是客户，全部都是"性本善"、一定是没有缺点或瑕疵的人，尤其不要以为客户一定会和自己合拍、容易"搞定"；不仅如此，还要明确地意识到自己的客户很可能是不好打交道甚至是有点儿刁钻的人，无论你怎么努力，都无法满足他们的所有要求，你的努力总不能得到预期的回报……在这种情况下，金融销售员就要果断地放弃这样的客户。吃樱桃的人当然不能指望盘中所有的樱桃都是好的，遇到不好的樱桃应该果断地扔掉。不要担心放弃了这种客户会影响自己的销售业绩，如果不放弃这样的客户，一是会使自己的心情受到不必要的负面影响，进而影响自己的销售；二是会耗费自己过多的精力，反而使应对其他客户或发展新客户而投入的必要时间减少。

第三章 精英篇：提高效率超越"小白"

从这个角度来看，销售很像投资。一般来说，做投资要把握好两点：其一，选择好对象。如果对象是"绩优股"，便果断地投资——一方面促进对象发展，另一方面伴随着对象发展。其二，选择好时间。投资不能"病急乱投医"，要把握好投资的时间，恰到好处地投资。如果对象是"绩优股"，投资越早越好——如果对象是一家优质公司，在 VC 阶段投资，股价可能是 1 元 / 股；在 PE 阶段投资，股价可能是 100 元 / 股；在上市阶段投资，股价可能是 1000 元 / 股。

金融销售员既然要用投资的眼光来看待销售，就应该把握好以下两点：其一，在可能的潜在客户、潜在客户或客户中选择有潜力者。一旦选择了有潜力者，就要重点服务，支持其成长。切忌对可能的潜在客户、潜在客户或客户平均用力，而是要着重对有潜力者用力。其二，对有潜力的可能的潜在客户、潜在客户或客户越早用力越好。可能的潜在客户、潜在客户或客户既然是有潜力者，迟早是要"发迹"的；客户在未发迹时，往往"门前冷落鞍马稀"，这时与其建立良好的关系相对容易；在客户发迹后，往往门前"车如流水马如龙"，围着客户转的人很多，这时再与其建立良好关系当然就不太容易了。

4.1.4 只知道"业绩为王",不懂得客户培育

很多金融销售员坚持主张"业绩为王",为了短期绩效,不惜损害客户利益,把销售做成了"一锤子买卖"。

但实际上,优秀的金融销售员,尤其是金融销售精英,应该是"农民",而不是"猎人",应该怀着"养庄稼"的心态去培育客户,去帮助客户成长,而不是像猎人那样竭泽而渔一般地把客户的"羊毛"一次性地"薅"尽。

在商界,"买卖不成仁义在"大概是人们最常说的一句话——这句话显然是说买卖里面包含着"仁义",买卖双方并不是买卖一做成关系就得结束或干脆就终止了。因此,金融销售员在销售自己的产品/服务时,切忌把销售做成"一锤子买卖"。金融销售员向客户所销售的不仅仅是自己的产品/服务,而且也是自己对客户的承诺,产品/服务销售出去之后的后续服务便相继而来;同时,客户不仅仅是金融销售员产品/服务的购买者,也是其产品/服务的宣传者。因此,金融销售员

销售出某一产品/服务往往只是销售的开始，而不是结束。金融销售员要用投资的眼光来看待销售——客户不仅仅代表客户自己，还包括客户的亲友、同学、同事等；客户给金融销售员带来的不仅仅是一时的销售额和利润，而应是滚雪球般的销售额和利润。

4.1.5 只知兢兢业业，不知勇于进取

有很多金融销售员只知道每天勤勤恳恳地打卡上班，围绕解决小客户的需求而团团转，不敢挑战征服潜在的大客户。而对于一个金融销售员而言，一个潜在的大客户胜过几个、十几个甚至几十个小客户，因此，金融销售员要重点关注潜在的大客户，敢于"拿下"潜在的大客户。但是，许多金融销售员往往不是紧紧盯着大客户、努力"拿下"潜在的大客户，而是舍大就小、舍本求末，其销售业绩不理想就在所难免了。

总的来看，一个金融销售员之所以不敢挑战"拿下"潜在的大客户，大致有以下几个原因。

其一，缺乏信心。

无论什么人做什么事，首先得有信心，否则他要么不可能有良好的开端，要么半途而废，甚至以彻底失

> 发轫　问鼎销冠的方法论

败告终。金融销售员销售产品/服务大抵也是如此。可是，许多金融销售员在销售产品/服务时恰恰就缺乏信心，尤其是在面对潜在的大客户时，甚至根本就没想过自己能签下潜在的大客户，殊不知，人和人的差异并没有很大——那些"牛人"（潜在的大客户）之所以比你"牛"，很可能是因为他们的努力、机会等因素所成就的。如果你也努力，且善于抓住机会，你也能成为"牛人"，甚至有可能比那些"牛人"更"牛"。因此，金融销售员在面对潜在的大客户时，一定要有信心。否则，本来一些潜在的大客户是非常优质的客户，可以给金融销售员带来颇高的业绩，但最终因为金融销售员缺乏信心而与其失之交臂，从而抱恨终天。

其二，缺乏勇气。

面对潜在的大客户，金融销售员不仅要有信心，还要有勇气——敢于接近潜在的大客户、敢于接触潜在的大客户、敢于搞定潜在的大客户。虽然面对强大的对手，人们往往会产生畏怯、恐惧心理，但是也不能因为畏怯、恐惧而裹足不前，而是应该勇往直前，"该出手时就出手"。金融销售员更应该如此：遇到一些潜在的大客户，比如身价千万元或过亿元乃至几亿元、十几亿元的客户，首先，要敢于接近他们，比如主动向他们递出自己的名片，向他们表明自己愿意为他们效劳；其次，要敢于接触他们，比如参与一些他们参加的活动，并利用这些活动主动地与他们交谈，了解他们的投资意向。

其三，缺乏积累。

面对潜在的大客户，金融销售员除了要有信心和勇气之外，还要有积累。可是，金融销售员往往恰恰缺乏积累。

金融销售员往往在以下两个方面缺乏积累。

（1）在知识储备上缺乏积累。

当面对一些大客户时，很多金融销售员不知道该聊些什么；如果聊到与专业及业务相关的问题，对细节把握得又不一定好；如果聊一些宏观事件，视野不够开阔，格局不够大，与客户似乎不在同一个"频道"。

（2）在人脉资源上缺乏积累。

一般来说，对大客户，金融销售员都会竭尽全力地为他们提供最好的服务。同时，在向他们提供具体的服务时，金融销售员往往事无巨细。在这种情况下，是否能为大客户提供资源上的支持，就成了金融销售员能否维系与大客户的关系，让他们继续成为自己客户的关键。比如，当 A 证券公司的销售员在营销一个机构客户经纪业务时，客户希望金融销售员能够帮助其上 A 证券公司的代销准入，此时就是检验一个证券公司金融销售员人脉资源大小的时候了，很多证券公司金融销售员往往都是因为在这种时候缺乏人脉资源而无法帮助自己的客户，进而失去该客户的。

其四，不成熟。

一般来说，金融销售员多为年轻人，但年轻并非就等于不成熟——一个人成熟与否主要体现在他思考问题是否周密透彻、工作是否扎实可靠等方面。一个年轻的金融销售员，如果能把客户可能的需要都考虑到，并提供相应的帮助，做到信守承诺，就是一个成熟的金融销售员；而一个金融销售员即便上了年纪，如果说话出尔反尔，做事常常不能善始善终，就是不成熟的。

4.2 如何再进一步

金融销售精英往往都掌握了高超的销售技巧，能避免前文所谈及的"困局"。不过，对于一个金融销售员来说，并不是掌握了前文所涉及的销售技巧、避免了前文所谈及的"困局"，就一定能成为金融销售精英。往往还会遇到一些其他的问题，比如感觉时间不够用，业务做不过来……在这种情况下，该怎么办？虽然通常很难给出一个具体、准确的说法，或者说，很难找到一个具体、准确的办法。不过，这倒也不是完全束手无策、一筹莫展的难题——总的来说，提高效率是最见效的破局方法。

提高效率是一个相当抽象、笼统的说法。提高效率应该细化、具体化。就金融销售员而言，想提高效率，要解决好以下具体问题。

4.2.1 销售中的边际成本与边际收益

所谓边际成本（marginal cost）是指每一单位新增生产的产品（或者购买的产品）所带来的总成本的增量。它所表明的是每一单位的产品，其成本与总产品量有关，比如，如果只生产一辆汽车，这辆汽车的生产成本是极大的；如果生产101辆汽车，第101辆汽车的生产成本就低了许多；如果生产1万辆汽车，第1万辆汽车的生产成本就更低了（这是由规模经济带来的效益）。边际成本简写为 MC 或 MPC。

所谓边际收益（marginal revenue）是指增加一单位产品的销售所增加的收益，即最后一单位产品的售出所取得的收益。它可以是正值或负值。利润最大化的一个必要条件是边际收益等于边际成本，此时边际利润等于零，达到利润最大化。在完全竞争条件下，任何厂商的产量变化都不会影响价格水平，需求弹性对个别厂商来说是无限的，总收益随销售量增加同比例增加，边际收益等于平均收益，等于价格。边际收益简写为 MR。

就金融销售员而言，边际成本主要取决于时间和收益，边际收益取决于产生的实际价值和潜在价值。

一般来说，如果个人作战，金融销售员的边际成本很难下降，边际收益则很难提高。为什么？主要是因为金融销售员的个人能力是有限的。

首先，金融销售员的精力无论再怎么充沛，每天也只有 24 个小时。对于任何人来说，一天都是 24 小时，金融销售员每天可以利用的时间当然不可能超过 24 小时，更何况他不是"永动机"，即使某一天或某几天工作了 24 小时，也不可能一个月、一年每天都工作 24 小时。

其次，金融销售员的销售收益再怎么多也是有定数的。金融销售员所销售的产品／服务及每一种产品／服务的价格都是有限的。

最后，金融销售员的销售所产生的实际价值和潜在价值是有限的。金融销售员所销售的产品／服务能获得多少利润和可能获得多少利润都是有限的。

4.2.2 如何降低边际成本

金融销售员的边际成本虽然很难下降，但也绝不是不可下降的。大致说来，要想降低边际成本，有如下三种方法。

（1）优化时间管理。

同样是 24 小时，为什么别人的 24 小时够用，而你却不够用？这多半是在时间管理方面出了问题。或许是因为你将闲散时间用在了打游戏、刷剧、刷短视频上；或许是因为你无法集中精力做一件事，总是被各种琐事打断；或许是因为你把大量的时间和精力投入在了一件完全没有可能见效的事情上……如此各种各样的原因，最终导致你的时间无法被有效利用，因此，你亟须做的就是优化时间管理。

如何优化时间管理呢？对此，不同的人有不同的观点和做法；市面上有关优化时间管理的书籍也有不少，有些书籍还阐述得相当通俗易懂且深入透彻。比如《奇特的一生》就是一本这样的书，书中所记载的苏联科学家柳比歇夫坚持了56年的"时间统计法"，这是一种相当值得所有人关注的优化时间管理的方法。

（2）让工作尽可能地标准化。

金融销售员在销售产品/服务时，经常会有重复性或者相似度很高的工作，如果每次做这些工作都是从头再来，无疑既耗费时间，又耗费精力。金融销售员如果在平时的工作中将很多相似的工作归纳好，再做的时候就不需要耗费精力了。比如，一个金融销售员如果经常需要邀请客户参加会议，就可以专门做一个模板，每次发邀请时就可以套用这个模板，具体要做的则只是改一下称谓。

（3）借助科技的力量尽量降低边际成本。

金融销售员可以借助科技的力量进一步降低边际成本。比如，以前服务一个客户需要耗费半小时的车程才能见到该客户，再用半小时跟客户沟通；但是有了线上会议后，在一小时内就能见两个客户——虽然效果可能会打折扣，成本却降低了一半。如果金融销售员能把服务或者观点用一小时做成视频，放到社交平台上，被100个客户观看，被10个客户认可，金融销售员的营销成本一下子就降到了原本成本的1/10。

4.2.3 如何提升边际收益

金融销售员提升边际收益虽说比较困难，但也不是不可能的。大致说来，金融销售员可以从以下两个方面着手来提高边际收益。

（1）优化客户结构。

金融销售员要想在一个小时内产出更多，最好的方法或最好的方法之一是优化客户结构。

常言道："土豆拉一车，不如夜明珠一颗。"一个金融销售员服务一个优质客户的产出会优于服务十个资质一般的客户，比如，同样是在一小时里，服务一个优质客户会产生10万元的创收，而服务一个一般的客户只会产生1万元的价值。

（2）实现裂变式增长（口碑）。

一个金融销售员要想让客户和业务实现裂变式增长，一个最常见的方式就是提高转介绍率。如果他在

"营销"一个客户时把该客户"营销"好了,让该客户感到"心满意足",该客户很可能会转介绍给他一个或几个新客户——如果真的如此,这等于金融销售员一次"营销"了两个或多个客户,其销售效率也由此提高了一倍、两倍甚至数倍。

上述方法都可以从一定程度上降低成本,提高效率,但是,人的一天只有24个小时,而且提高效率的同时也会让人非常疲惫,因此,一个金融销售精英发展到一定程度后,通常都会转成管理岗——成为一个管理者,通过管理来进一步发展自己、提升自己,更加充分地发挥自己的才干。

CHAPTER 4
第四章

团队管理篇:
管理者的成长之路

> 发轫 问鼎销冠的方法论

1. 初级管理者的困局

就金融销售行业而言,许多销售层面的初级管理者都是从做得好的销售员——往往是销售精英之中选拔出来的。

而从金融销售的实际情况来看,很多从做得好的销售员中提拔上来的管理者并不太适应管理的岗位。很多业绩很好的金融销售员最开始并不一定能当好金融销售管理者。在做管理者时,他们常常会陷入深深的苦恼之中,感觉员工不好带,觉得员工工作不积极、不主动,或者觉得员工总是"人在曹营心在汉",好像时刻准备着跳槽……最后,管理者所管理的团队不但无法完成既定的销售任务,而且人心涣散、一盘散沙,甚至解散。

为什么会这样呢?主要原因之一是这类金融销售管理者往往用过时的销售理念来进行管理。为什么不能或不应该用做销售的方法进行管理呢?因为销售和管理是两种性质颇为不同的工作:一个金融销售员所面对的是客户，所要做的事情是将产品/服务销售出去，也就是想方设法让潜在客户购买其产品/服务——最终将潜在客户变成客户；一个金融销售管理者所面对的则是一线的金融销售员，所要做的是让金融销售员销售产品/服务或销售更多的产品/服务。一个金融销售员的主要工作是自己把销售工作做好，而金融销售管理者的主要工作是管理好一线的金融销售员，让他们把工作做好。

因此，当一个金融销售精英从销售员晋升到销售管理者之后，他首先要做的就是认识到其角色的变化并迅速适应。

2. 管理者的三重角色

樊登读书创始人、"知识进化论"大型主题演讲主讲人樊登在其风靡一时的著作《可复制的领导力》中指出："互联网时代，每一位知识工作者，都是管理者。领导力已不再是某些人的专属能力，而成为每一个人生存、发展所需的硬技能。领导力不是天生的基因带来的能力，而是一系列可操作、可模仿、可践行的工具：沟通视窗、目标管理、倾听反馈……如果你想在这个时代抢占先机，活得体面而富有尊严，那么：领导力便是你的人生必修课！""一般来讲，管理者在团队中有三种角色定位：下层执行，中层管理，上层领导。"（《可复制的领导力》，中信出版社出版，2018年）在这里，樊登实际上是说，管理者要身兼领导者、管理者、执行者三种角色。

2.1 领导者角色

所谓领导者就是指居于某一领导职位、拥有一定的领导职权、承担一定的领导责任、实施一定的领导职能的人。在职权、职责、职能三者之中，职权是履行职责、行使职能的手段和条件，履行职责、行使职能是领导者的实质和核心。领导者要想有效地行使领导职能，除了需要制度化、法定的权力之外，还要拥有能令人信服和遵从的高度权威，以及由此获得的对下属巨大的号召力、磁石般的吸引力和潜移默化的影响力。因此，管理者在以领导者的角色从事管理工作时，实际上是拥有一定的领导职权、需要承担一定的领导责任、能够实施一定的领导职能；以领导者的角色从事管理工作的管理者要树立目标、营造信任和尊敬的气氛，要用信任和尊敬驱动一个团队。

就金融销售行业而言，领导者尤其要用信任和尊敬来驱动自己所领导的团队，也就是要努力营造团队中尊敬和信任的氛围，让团队成员得到尊重和信任，愿意工作，而且努力把工作做好。之所以如此，首先是由于金融销售员的抗压能力很强，金融销售人员流动性也很大，有能力的金融销售员往往个性也比较突出，领导者不能用使员工"怕"的方式来领导金融销售员，否则就会把优秀的金融销售员"逼"走——就像劣币驱逐良币一样。

其次是因为现在"95后""00后"员工越来越多，而"95后""00后"员工的父母一般是"70后"，很多父母已经给子女买好房子了，这些员工已无城市人的最大后顾之忧——住房之忧；同时，时下丁克主义盛行，很多年轻人不生养孩子，也就是说无养小之忧。一旦干得不愉快，随时可以走人，因此，领导者想用使员工

"怕"的方式来领导这些金融销售员,无疑是缘木求鱼。

最后是因为金融市场越来越大,对人才的需求也越来越大,而优秀的金融人才总是有限的。因此,领导者想用使员工"怕"的方式来领导金融销售员,优秀的金融人才(金融销售员)会对这种领导敬而远之,也就是说,这种领导是很难找到优秀员工的。

2.2 管理者角色

管理者是指拥有相应的权力和责任、具有一定管理能力、开展管理活动的人或人群,他们在组织中直接参与或帮助他人工作,通过其地位和知识,对组织负有贡献的责任,能够实质性地影响该组织的经营和发展。

管理者所做的事情主要是"管"——参与或帮助他人工作、通过他人来完成工作;而不是"干"——独当一面或大包大揽地工作。因此,管理者在管理的过程中要关注指标、关注考核。但是,在现实生活中,有很多人做了多年的管理工作,却不明白管理者是通过别人来完成工作的人,而不是什么事都来"插一杠子"。比如,在金融销售行业,有些管理者本应该只做协助金融销售员销售产品/服务的相关事务，但他常常越俎代庖，直接地参与销售的第一线，物色客户、向客户推介产品/服务……其实，在金融销售行业，凡事都喜欢亲力亲为的管理者往往最终都做不好管理工作——其员工要么不能充分发挥自己的积极性，要么无所适从……一个金融销售管理者的重要之处不在于他销售了多少金融产品/服务，而在于他带出了多少能销售金融产品/服务的人。而且，不仅金融销售管理者是这样的，事实上所有行业的管理者大抵也应该如此。

通常来讲，金融行业的从业者受教育水平普遍较高——至少都是本科学历，很多甚至是硕士学位研究生毕业，而金融销售员除了具有同行业人员所共有的受教育水平较高这一特点外，还有其特有的特点——他们想法比较多，比较精明，因此，他们在本质上是属于比较难管理的一类人。对这类人，管理或管好他们的核心，主要是通过规则，做好考核。具体地说，要做好以下三项工作。

第一，制定好考核标准——考核标准要合理，既不能把考核标准定得太高，否则员工会因为不能完成工作而失去工作的信心，甚至最终放弃工作；也不能把考核标准定得太低，否则员工既没有工作压力，也没有工作动力，即使完成了工作，工作成效也不大。

第二，严格考核——在制定好考核标准后，在考核员工时，要严格按标准进行，决不能因人而异地提高或降低考核标准，否则，再好的考核标准也只是一纸空文。

第三，要严格、切实地兑现考核结果——在对员工进行考核后，按照考核结果，员工应该获得多少报酬就一定要付给他们多少报酬，不要随意克扣他们应得的报酬；反之，未完成绩效的员工应该被扣除多少报酬就扣除多少报酬，如果犯下严重的错误，应该开除就要开除，而不可随意迁就他们。

新晋升上来的中、下层管理者尤其要注重自身管理属性和领导属性的转化。

2.3 执行者角色

在管理学领域，执行者就是负责实施完成具体事务的人；在一个金融销售团队中，执行者就是金融销售员。一个金融销售管理者虽然不一定自己做销售或不一定经常销售产品/服务，但他绝不能不懂产品/服务、不会销售产品/服务；在一些关键时刻，他甚至要扛起将具体事务实施完成的大旗，起到力挽狂澜、稳定人心的作用。

比如，一个金融销售团队在突击销售某一产品/服务时，其管理者要带头大力销售产品/服务；当一些产品/服务销售出现困难、一些客户难以"搞定"时，管理者要挺身而出，解决问题，因为他对所在的销售团队不仅起着监督、敦促的作用，而且也起着指导、引领的作用。

3. 管理者的基本素质

3.1 能够耐心地与员工进行沟通

如前文所述，管理者身兼领导者、管理者和执行者三种角色，而一个领导者或管理者，尤其是一个合格的或优秀的领导者或管理者，无论是在理论水平方面，还是在实践经验和能力方面，都应该强于或胜过其所领导或管理的员工，也就是说，他与他的员工并非处在同一个层面上，因此，不应该指望员工一开始就能充分地理解自己的工作意图和想法，更不应该指望员工总是能充分地理解自己的工作意图和想法。这需要领导者或管理者耐心地与员工进行沟通。

怎样才是"耐心地与员工进行沟通"呢？对此，不同的人有不同的看法，不过，樊登在《可复制的领导力》中提到的日本公司管理者向下属部署任务的情形无疑是属于"耐心地与员工进行沟通"之列的。书中写道：

给华为起草《华为基本法》的包政教授在一次讲课中，向我们形象地描述了日本公司是如何向下属部署任务的。其中最有趣的部分是："日本的大公司规定，管理者给员工部署任务时，至少要说五遍。"具体情况如下：

第一遍，管理者："渡边君，麻烦你帮我做一件××事。"渡边君："是！"转身要走。

第二遍，管理者："别着急，回来。麻烦你重复一遍。"渡边君:"你是让我去做××事对吗?这次我可以走了吗?"

第三遍,管理者:"你觉得我让你做这事的目的是什么?"渡边君:"你让我做这事的目的大概是咱们这次能够顺利地召开培训,这次我可以走了吗?"

第四遍,管理者:"别着急,你觉得做这件事会遇到什么意外?遇到什么情况你要向我汇报,遇到什么情况你可以自己做决定?"渡边君:"这件事大概有这么几种情况……如果遇到 A 情况我向您汇报,如果遇到 B 情况我自己做决定。您看可以吗?"

最后一遍,管理者:"如果让你自己做这个事,你有什么更好的想法和建议吗?"渡边君:"如果让我自己做,可以在某个环节……"

金融销售管理者虽然未必时时处处事事都要像日本公司的管理者这样做,但一定要时时处处事事都保持像日本公司管理者的这种精神——向员工布置工作时,既要不厌其烦,又要周到细致,千万不要以为员工对自己的工作意图和要求都能心领神会、一点就通并因此惜字如金,甚至在布置工作时藏头露尾或语焉不详;检查、考核员工的工作时，要有的放矢、有理有据，从而让员工心悦诚服，千万不要大放厥词、空话连篇，摆出一副自己站得高、看得远，多么高屋建瓴的模样。

3.2 有战略眼光

管理者虽然也是执行者——能做且也做一些"战术"方面的事情，但更主要的是一个领导者和管理者——主要做一些战略方面的事情，即规划、决策。而对于金融销售管理者来说，规划、决策非常重要——规划、决策一旦有误，结果就会很糟糕。

比如，A总是某大型证券公司营业部总经理，他的主要工作是带领营业部的同事在每年尽可能多地销售基金产品/服务，但是，也要确保被营销的客户能够每年都赚到钱。这就需要他具有战略眼光、预判能力强。如果他能预判风口，就会在2016—2017年主推货币基金、2018年主推短债基金、2019年主推权益基金、2020年主推量化基金、2021年主推CTA基金，这样，他所在营业部的业绩一定是较为可观的；相反，如果他没有战略眼光、预判能力弱，总爱或总是跟风操作，或者主推节奏全部晚了风口一步或几步，就只能"吃"别人剩下的，其客户只能高位接盘，亏损得一塌糊涂。

3.3 善于为员工提供流程模板和套路

一般来说，一线的金融销售员工作都很繁忙，压力也是很大的。他们往往白天忙着参加晨会、例会，拜访新客户，维护老客户，已经十分疲惫，晚上还可能有应酬客户、催流程、写工作日报等琐碎的工作，这就可能导致他们处于一种"只知埋头走路，不知抬头看路"的低效能状态，他们往往总会感到没有时间，或者事实上也总是没有时间，没有精力去思考、总结出一套销售流程和套路。这个时候，管理者就应当及时出手相助——给他们提供销售流程模板和套路以为他们销售助力。

总的来说，金融销售管理者要善于总结出一些基本的销售流程和套路，并带领团队成员掌握和运用这些基本的销售流程和套路来展开销售，在对团队成员进行考核时，也可将对这些基本流程和套路的掌握、运用的好坏程度作为要件。

相对于金融销售员而言，金融管理者是金融领域的专家。因此，金融管理者在管理所在的团队时，要细致、耐心地教授团队成员销售的基本流程和相关知识，并及时加以更新。

3.4 善于发现并培养优秀的人才

电影《天下无贼》中有一句很经典的台词："21世纪什么最贵？人才！"对于金融行业来说更是如此——更是"得人才者得天下"。

在金融销售行业里，获取优秀人才的方法通常有两种：一种是招聘，另外一种则是培养。

招聘人才固然见效快，但其缺点也很明显。优秀人才都是非常"昂贵"的，很多优秀的金融销售员都是用高薪聘请的，聘请之后，还得花大价钱维护着。从金融销售行业的实际来看，金融销售行业自己培养人才往往成本较低，而且相较于高薪聘请的人才，自己培养出来的人才更加稳定，他们对公司或团队的忠诚度也会更高一些。

4. 杰出金融销售管理者的标准及养成

杰出的金融销售管理者不仅仅是身兼领导者、管理者和执行者三种角色，还需要是杰出的领导者、管理者和执行者。

4.1 杰出的领导者

销售的领导难当，金融销售的领导更难当。为什么这么说？因为金融销售是赤裸裸的金钱交易，在这种交易中，人们更在乎的是奖励机制；因此，金融销售的领导如果仅用信任和尊敬来驱动一个团队，而没有同时使用实实在在的奖励机制，其团队是很难被驱动的，至少是很难长时间被驱动的。这就要求金融销售的领导必须非常杰出，有能力营造团队中尊敬和信任的氛围，让员工愿意工作，且把工作做好，创造更多的价值来驱动团队全力工作。

因此，在衡量销售管理者在"领导者角色"中是否杰出的标准应该是：团队成员留在团队努力工作是因为管理者的魅力大、他所管理的团队氛围好以及他带领整个团队挣钱的能力强。

4.2 杰出的管理者

自古以来，人们对钱都是很敏感的——不会轻易花钱去购买看不见摸不着的"钱"。因此，一个金融销售员如果能力一般——很难销售出金融产品/服务，这样的话，尽管他可能易于被管理，管理者却不得不参与或帮助他销售金融产品/服务，甚至要代替他销售金融产品/服务；如果金融销售员能力很强——能够多快好省地销售出金融产品/服务，他往往又是有主见、有个性甚至是桀骜不驯的，而这样的人又显然是难于管理的。这就要求金融销售管理者必须非常杰出——他有能力实实在在地参与或帮助其员工销售金融产品/服务，但决不代替员工销售金融产品/服务，让员工既好管理又能多快好省地销售金融产品/服务。

因此，衡量销售管理者在"管理者角色"中是否杰出的标准应该是：他是否能帮助、鼓励、引导团队成员又快又好地销售产品/服务，完成销售工作。

4.3 杰出的执行者

俗话说，"打铁还须自身硬"。一个管理者不仅应是一个杰出的领导者、管理者，而且还要是一个杰出的执行者——有杰出的一线工作能力。就商界实际而言，的确如此——商界精英，比如稻盛和夫、董明珠等，都不仅是杰出的领导者、管理者，同时还是杰出的执行者：稻盛和夫是世界著名实业家，创业最初是从陶瓷研究和制作开始的，而且有实实在在的超强的陶瓷研究能力和制作能力，他研究发明并制作了一种新型陶瓷。董明珠是珠海格力电器股份有限公司董事长，在中国堪称家喻户晓，她最初是从销售做起的，而且具备超强的销售能力，1992年，董明珠在安徽的销售额突破1600万元，占整个公司的1/8，随后，被调往几乎没有一丝市场裂缝的南京，在这种现实情况下她居然签下了一张200万元的空调销售单子，一年内，个人销售额多达

3650万元。

就金融销售行业而言,管理者更应该是一个杰出的执行者——一个杰出的金融销售员。如前文所述,金融销售员是做"钱"的生意的,因此,买卖双方在进行买卖时往往都非常谨慎——做成一桩买卖往往很难,管理者如果本身没有实实在在的金融销售经验,就不是一个杰出的金融销售员,他不仅无法很好地理解金融销售,也不能很好地管理金融销售,由此更不能很好地实现整个销售团队的销售目标。

因此,衡量一个金融销售管理者在"管理者角色"中是否杰出的标准应该是:他是否能在产品/服务冲量,销售困难的关键时点挺身而出,力挽狂澜,解决问题,创造收益,实现整个销售团队的销售目标。

5. 杰出管理者的养成

一名杰出金融销售管理者的养成途径多种多样,不可一概而论;但大致说来,可以通过"智、信、仁、勇、严"等方面的磨炼从而成为一个杰出的金融销售管理者。

"智、信、仁、勇、严"是《孙子兵法》对"将"的界定。《孙子兵法》云,"将者,智、信、仁、勇、严也",所谓"智"即"足智多谋",所谓"信"即"诚信,说话算数",所谓"仁"即"仁爱,关爱",所谓"勇"即"勇敢,勇猛",所谓"严"即"严格,严明";也就是说,在孙武看来,一个将领,应该具备"足智多谋,赏罚分明,关爱士兵,勇敢果断,纪律严明"的品质。

如果说商场如战场,金融销售就是一种战争。如果说,金融销售员是战斗在金融战场上的战士,金融销售管理者便是金融销售战场上的将领,也应该具备孙武所说的作为一个将领应该具备的"智、信、仁、勇、严"等素质,或者注重在这五个方面磨炼自己。

5.1 智

金融销售管理者既是领导者,又是管理者,还是执行者,应该同时具备这三者的智慧。

首先,金融销售管理者是自己所在团队的大脑,要有战略眼光,能够对市场风向、产品/服务优劣、团队管理等进行准确的判断；能够用信任、尊敬、金钱等多种手段或方式来驱动自己的团队，让自己所管理的团队成员愿意工作，且把工作做得足够好。金融销售管理者不能只知道在销售的一线"打打杀杀"，甚至冲锋陷阵，否则便会将自己所在的团队带向毁灭。

其次，金融销售管理者是自己所在团队的助力者，能有效地参与或帮助团队成员工作、通过团队成员来完成工作，从而凸显团队的成就或以凸显团队的成就来凸显自己的成就。

最后，金融销售管理者是自己所在团队的一员，不仅知道如何销售、有能力销售，而且在必要时直接投身到销售行列之中，增强自己所在团队的销售力量，提高自己所在团队的销售业绩。

5.2 信

"信"是一个人做人的基本准则——人无信不立。一支部队的将领要带好兵、打好仗，就得"信"——说话算数、赏罚分明；否则，士兵不仅不会心悦诚服地听从指挥，更不会在战场上冲锋陷阵。将领想带好兵、打好仗的想法也就成了空想。一个金融销售管理者要想管理好自己的团队也得"信"——说话算数、赏罚分明，否则，自己的团队成员就不会心往一处想、劲往一处使，导致无法有效地销售产品/服务、实现销售目标。这样，管理好自己的团队也就只能是空想了。

5.3 仁

孟子曰：仁者爱人。士兵在战场上冲锋陷阵，抛头颅、洒热血，除了需要将领的激励之外，还需要将领的关爱。同理，金融销售员在销售一线起早贪黑、废寝忘食地劳累奔波，除了需要领导的激励之外，也需要领导的关爱，而管理者实际上身兼领导角色，因此，他一定要关爱自己所在团队的每一个员工，要对他们有情有义。不过，有情有义不只是对员工很客气、很温柔，还要真正地把员工的利益放在第一位，把员工的发展放在第一位，不仅要让员工能获得应该获得的"真金白银"，还要让员工获得足够多的"真金白银"甚至是超预期的"真金白银"，绝不要怕自己的员工"真金白银"拿多了或比自己拿得多。

5.4 勇

古人云,"狭路相逢勇者胜"。这句话用现代白话来解释就是窄路相遇,无可退让,勇敢、勇猛的人能够获胜。战场上是狭路相逢勇者胜,对于金融销售行业来说也是如此——无论是金融销售员还是金融销售管理者,都应该"勇"。不过,就金融销售管理者而言,"勇"除了"勇敢、勇猛"之意外,还有"果敢、果断"的含义在——该断则断。曹操对袁绍的评价是"色厉胆薄,好谋无断",也许正是因为如此,袁绍才最终身败名裂。一个金融销售管理者如果也"色厉胆薄,好谋无断",一定无法管理好自己的团队,更不用说带领自己的团队创造辉煌了。而一个金融销售管理者要想有所成就,或带领自己的团队创造辉煌,不仅不能"色厉胆薄,好谋无断",更是要相反——"色厉胆厚,好谋有断",该出手时就出手,该决断时一定要决断。也就是说,当有多个选项出现时,要果断地做出选择;选择一个选项后,即使是困难重重,也要带领团队奋勇向前,直到大获全胜;要有担当——无论是自己还是自己管理的成员出了过错，要勇于说"我错了，是我的问题"，不要推诿责任，更不能做以邻为壑甚至嫁祸于人这类事。

5.5 严

一个将领要想带好兵、打好仗，除了要智、信、仁、勇，还要严——"严格、严明"，对自己、对自己所带的兵都严明纪律，严格执行纪律，一视同仁，决不因人而异。同理，一个金融销售管理者要管理好团队，带领自己的团队创造辉煌，也要如此；同时，管理者更要严格地要求自己，带头遵守规章制度，决不以权谋私。

6. 中级销售管理者的困局

6.1 两种模式下的不同困局

当一个金融销售员从一线"小白"做到销售精英，

> **发轫** 问鼎销冠的方法论

再做到初级管理者时，起初他很可能不太适应管理岗位，但只要慢慢摸索、不断进步，还是会适应管理岗位并获得管控好团队的能力的。但是，一个金融管理者又绝不仅仅就需要适应管理岗位而已——而是要胜任管理岗位，在管理岗位上有一番作为、干一番事业。而当他在管理岗位上有一番作为、干一番事业时，肯定会遇到新的问题。

作为金融销售员，我们会经常听团队领导抱怨"今年KPI制定得太不合理了，完全不可能实现""竞争对手正在高薪'挖'人，目前团队不稳定""公司对我们资源支持太少"……

每次听了他们的抱怨，我们会觉得他们的抱怨无可厚非，但是又感觉他们似乎没找到做好销售管理工作的诀窍。

销售工作难做，销售管理工作更难做，涉及多个方面。在精力和资源有限的情况下，一个金融销售管理者如果不能通过现象看本质，不能抓住主要矛盾就将被无尽的细小问题羁绊，各个方面的资源都会受到限制。因此，对一个金融销售管理者而言，找到并抓住主要矛盾及主要矛盾的主要方面是非常关键的。

金融销售员有时候开展某一项销售工作如同解一道数学题。大多数人都参加过数学考试，有过解数学题的经历，人们在解数学题的过程中遇到难题时，把题干看了很多遍后很可能还是不知道怎么做，甚至有些"丈二和尚摸不着头脑"的感觉。之所以如此，就是他们没有做到数学老师平常所说的找"题眼"这一"心法"。

与数学难题有"题眼"相仿，金融销售也有"题眼"，即"窍门"或"关键点"。一个人做数学难题要会找"题眼"，一个金融销售员销售产品/服务也要会找"题眼"。而对于一个金融销售员来说，他销售产品/服务的"题眼"是什么呢？怎样才能迅速、准确地找到"题眼"呢？对此，也许没有任何金融销售员能给出一个准确的答案。不过，这也不是"无解"的。

我国金融业薪酬分配有两种模式：第一，KPI（关键绩效指标）+奖金的模式；第二，收入提成模式。

也就是说，一个金融销售员的收入要么是根据效率、业绩大小来决定，要么是根据KPI所定的级别来决定，这决定了金融销售管理者不能机械地采取单一的管理方法和管理风格；否则，肯定很难做好管理工作。

6.2 KPI+ 奖金模式

6.2.1 KPI+ 奖金模式的特点及应对思路

（1）KPI+ 奖金模式的特点。

在 KPI+ 奖金的模式下，销售部门会给销售团队制定一个 KPI，可能是收入、利润、规模或者其他方面的，一段时间后（通常是半年或者一年），根据销售团队的 KPI 完成情况发放奖金。

采用这种模式的金融机构其总部往往具备以下特点：① KPI 考核往往包含多个指标，可能是收入、利润、规模、市场占有率的综合体；② KPI 是一个相对指标，通常是年初制定一个数字（往往是很主观的），至考核期结束根据完成的百分比来发奖金；③ KPI 考核具备持续性，往往当年 KPI 的完成情况决定下一年的 KPI 制定情况；④在此模式下，员工对公司的依赖度较高，不会轻易离职。

（2）应对思路。

在 KPI+ 奖金的模式下，销售部门的中层管理者想把业务做好，很像做一道运筹题，即要找到在约束条件下的最优解。在这种情况下，一方面，中层管理者要主动、积极地与高层管理者保持沟通，争取一个合理的KPI；另一方面，要维持团队稳定，鼓励员工努力奋斗。

6.2.2 KPI+奖金模式下的常见困局及应对策略

（1）常见困局一：团队不稳定。

团队管理中存在的最大问题是团队不稳定，而一个稳定的团队是做好销售工作的重要保证。在KPI+奖金的模式下，核心员工离职的最主要原因是收入和成长空间的不确定性导致的。

KPI+奖金的模式有两个特点。

其一，该模式相对主观。一个员工完成工作的情况主要取决于其考核KPI是多少，如果考核KPI制定得高，就很难完成，而且KPI往往包含多项指标。一个员工如果被分配的任务容易完成，其KPI就容易得高分；如果被分配的任务完成难度高，结果他没有完成或完成得不够好，其考核成绩就容易不及格。在这种情况下，制定目标KPI成了对员工进行考核的重要因素——员工是否努力工作反而不是一个太重要的因素了。因此，目标 KPI 的制定一定要恰当，否则就容易引起员工的不满，导致出现员工离职激增的现象。

其二，在该模式下，超优秀员工能力发挥的空间受到了限制。在这一模式下，员工间的收入差距往往最大也就是 2~3 倍，员工赚钱和晋升的空间有限，有些超优秀员工——特别能干的员工——觉得自己的发展受到了限制，便可能离职。

应对策略：管理者要做到以下两点。

第一，要注意团队内部目标 KPI 的制定——要尽量做到公平，让团队成员觉得只要自己努力付出了，最终肯定是可以得到超额回报的。

第二，为超优秀员工提供足够大的发展空间——要多给这种员工争取机会，在他们做出业绩后要通过提高奖金、职级和职务等方式予以奖励。

（2）常见困局二：团队成员进取心不强。

在 KPI+ 奖金的模式下，上限激励不足，同时下限往往比较高，时间久了，团队成员会出现进取心不足、"躺在功劳簿上睡大觉""混日子"的人增多的现象。

应对策略：在这种情况下，管理者要做好以下两点。

第一，加大内部竞争。"狼性"不足、士气低沉对整个团队的发展而言都是致命的。团队战斗意志一旦消沉，再提升起来就非常难了。主动加大内部竞争是最好的方式。常见方法包括加大施压力度、把每月排名变成每周排名、团队内部两两结对子、加大内部排名奖惩制度等。

第二，多"开发"一些新业务。很多时候，内部动力不足，除了有团队内部斗志涣散的因素外，还有一个重要的原因，就是成员长期做一项工作，做久了，做烦了，没有动力了。这时候，可以让成员换一个业务去做，或者在现有业务基础上多做创新，让团队成员在做业务时多"换换口味"。

（3）常见困局三：目标KPI设置得过高，根本无法完成。

在KPI+奖金的模式下，由于目标KPI是年初制定的，很多时候主观性很强，如果市场变化比较大，KPI完成不了也比较常见。

应对策略：在这种情况下，管理者在年初制定目标KPI的时候就要沟通好，制定一个相对合理的KPI；

当年中市场环境发生变化时，将 KPI 调整到适合的区间——因为设定 KPI 的目的就是为了完成 KPI，如果目标完全无法完成，也就失去了制定 KPI 的意义。

6.3 收入提成模式

6.3.1 收入提成模式的特点及应对思路

（1）收入提成模式的特点。

收入提成模式是指金融销售团队按照某个比例对其产生的创收进行提成。收入提成模式在保险公司、证券公司营业部、银行分支行网点最为常见，往往具备如下特点：①金融销售员往往非常关注，甚至只关注收入或者利润；②在收入提成模式下，金融销售员往往会不遗余力地扩大收入和规模，但有可能会因"用力过猛"而出现透支未来、竭泽而渔的情况，有时甚至可能会触及合规底线；③收入提成模式一般适用于标准化管理，对平台依赖较小，金融销售员离职成本低，有时甚至会出现团队骨干带领整个团队离职的情况。

（2）应对思路。

如果说，在 KPI+ 奖金模式下，金融销售员所追求的是效率、是有限资源下的最优解，而在收入提成模式下，金融销售员所追求的则是在边际收益为正的前提下实现收入或者利润最大化。因此，中级销售管理者应该想方设法让其团队成员——金融销售员——在成本可控的情况下获得尽可能多的收入，而且所获得的收入越多越好，只有这样，才能最大限度地激发其团队成员——金融销售员——竭尽全力地创收。

6.3.2　收入提成模式下常见的困局及应对策略

（1）常见困局一：团队不稳定。

团队不稳定不仅是 KPI+ 奖金模式下会出现的最大问题，也是收入提成模式下的问题，但是，两种模式下离职人员的类型和动机完全不同。

在 KPI+ 奖金模式下，离职人员往往是团队中业务能力中等偏上的核心骨干成员，而在收入提成模式下，离职人员往往是团队中的顶尖成员或者新人。

团队中顶尖成员的离职主要原因是同行业的恶意竞争，比如，按照惯例，某证券公司金融销售员销售基金的提成是0.5%,而与此同时另一家证券公司将提成直接提升到1%,在利益的驱使下,手头有大量客户的顶尖销售员可能就会有跳槽的想法。

新人离职的原因则主要是在收入提成模式下,固定薪水很少,甚至没有固定薪水,在这种情况下,新人的前期生存压力很大,坚持不下去就会离职。也许有人会认为新人离职就离职,反正他们产生的收益也低,实则不然。收入提成模式下的销售团队本身都是人员流动性很大的,只有把新人培养成"老手"才能创造收益。如果招一个新人就走一个人,团队的战斗力很快就会枯竭。

应对策略:面对团队不稳定的情况,金融销售管理者要穷尽一切办法加强团队建设,让顶尖成员感觉到跟着你干一定会大有收获,至少绝对不比在其他团队做同样的工作或同样多的工作收入少;对新人则要多帮助、多鼓励,同时,在招聘时也要严格筛选,严格把关,招聘一些意志坚强、能经受住挫折、不计较一时得失的员工。

(2)常见困局二:过分"狼性",容易逾矩。

在收入提成模式下,金融销售员的收入完全来源于其创收的提成,因此,金融销售员不仅容易养成"狼性",而且往往不得不充分将"狼性"运用到工作中,甚至是过分"狼性"以致做出竭泽而渔、杀鸡取卵之类的事情。笔者就亲眼见过这样的金融销售员,她是一个保险销售员,在销售自己的保险产品时,向客户承诺终身服务,24小时随叫随到,可是,她在卖完保险产品后一拿到奖金就离职了;还有一个金融销售员,她为了短期利益,在销售自己的产品时,把一款原本风险很高的产品说成是低风险产品,用"把一根稻草说成金条"的本领游说、诱导客户购买,可是,在客户购买了她所销售的那款产品,她把自己该获得的提成拿到手之后,便辞职不干了。发生这种竭泽而渔、杀鸡取卵之类的事情既极大地伤害了顾客,又极大地败坏了金融销售行业的名声,完全逾越了一个金融销售员应该恪守的底线。

应对策略:面对这种困境,金融销售管理者可以事先"筑好防火墙",比如,事先制定规章制度,规定自己所率领团队的每名成员在销售了自己的产品/服务之后,必须经过一段较长的时间,比如说半年或一年后或者在确保客户没有损失的风险、不会投诉的情况下,才能获得提成收入,或者不能一次性领走提成收入,而是分几次、按比例获取提成收入。

CHAPTER 5

第五章

互联网时代的
金融产品/服务营销

> 发轫　问鼎销冠的方法论

1. 互联网时代，金融销售员面临的机遇与挑战

2010年后，中国互联网行业迅猛发展，中国也随之步入了一个新的时代——互联网时代。

互联网行业的迅猛发展对社会产生了极大的积极影响——极大地推动了社会各行各业的发展，甚至推动了整个社会的进步，给国人的日常生活和工作提供了方方面面的便利。

但是，互联网行业的迅猛发展也有两面性——除了上述的便利之外，它还给社会各行各业的发展和整个社会的进步带来了不同程度的挑战，让某些领域或行业受到困扰，比如电商对实体商店的冲击，网络诈骗让受害者蒙受经济损失……这些都是实实在在的案例。

金融行业受互联网行业迅猛发展的影响更让人感受深切一些。无论是谁都免不了衣食住行，总要与"付

费"打交道——这其实就是与金融行业打交道了。过去，人们往往要去商店、银行办理具体的业务，付费时得付现金，可有了物联网，出现了网上银行、支付宝、微信支付等电子支付手段之后，人们就不一定需要到商店、银行去办理具体的业务了，付费也不一定要付现金了，这样既节省了时间，又节省了体力，因而获得了实实在在的好处。

就金融销售行业而言，无论是金融销售员，还是金融销售管理者，以往他们有很多必须在线下处理的业务都可以改在线上处理了，比如授权、签合同、成单等，这样，金融销售员可以便捷地销售产品/服务，金融销售管理者则可以通过线上的方式管理金融销售员或为金融销售员助力，也可以直接销售产品/服务，这也使他们对金融销售员的依赖减少了。

但是，线上金融销售的出现也造成了金融销售员线下客户的分流，增加了金融销售员开发新客户的难度；同时，伴随着人工智能的崛起，无数的AI设备可以为客户提供富有深度的服务，降低了金融销售员与其老客户的黏度，金融销售员的发展空间也在无形中被压缩了。

> 发轫 问鼎销冠的方法论

1.1 广度上：线上金融产品销售平台的崛起

2013年，阿里巴巴联合天弘基金创新地推出了余额宝，这在让消费者能便捷、实时地使用账户余额进行日常消费的同时又让消费者能便捷、实时地获得收益，此举开启了通过线上销售平台销售金融产品/服务的先河。之后，类似的线上金融产品/服务销售平台如微信金融服务、京东金融服务、银行的网银服务等也陆陆续续出现了。

线上金融产品/服务销售平台的崛起一方面极大地拓展了金融机构产品/服务销售的空间，节省了大量的人力、物力、时间成本；另一方面又极大地压缩了金融销售员的销售空间——一个金融销售员开发一个新客户往往颇为艰难，从物色到拜访、接洽，到再拜访、再接洽……反反复复，好不容易才能做成一单销售。而一个线上金融产品/服务销售平台往往仅仅通过广告，花费一些流量，就可以获得大量的客户，从而占有那些原本属于金融销售员的市场。

线上金融产品/服务销售平台不少，但特色鲜明、值得特别关注的当数蚂蚁金服和东方财富——深度了解这两个平台的运作方式，就可以说深度地了解了整个线上金融产品/服务销售平台的运作方式。

1.1.1 蚂蚁金服

蚂蚁金服搭建了我国金融市场上两个最大的理财产品销售平台——蚂蚁理财和蚂蚁保险。

（1）蚂蚁理财。

蚂蚁理财是靠货基起家的，是我国最大的线上理财平台。

蚂蚁理财在2013年6月推出了一元起投的余额宝资金管理工具，满足了用户现金管理的需求，打入了普惠理财的市场。余额宝具备投资门槛低、易于理解、可视化等优势，迅速地获得了客户的青睐——截至2020年6月30日，合作伙伴通过公司平台所管理的资产总金额达到40 986亿元❶。"余额宝"也成了全球货币市场中最大的基金产品。

---

❶ 数据来源：蚂蚁金服招股书。

> 发轫　问鼎销冠的方法论

余额宝在为蚂蚁理财吸引到大量关注和流量的同时，也为蚂蚁理财积累了大量客户的信任。

随着客户不断积累，蚂蚁理财不再满足于仅仅销售货币基金产品，开始从一元起投的余额宝发展到向基金公司开放的一站式理财平台。总的来说，蚂蚁理财的业务向大众提供了包含基金、固定收益、定期等在内的多元化理财产品，多方面地满足了大众对资产增值的需求。

蚂蚁理财除自身独立发展外，还与我国许多金融机构，如公募基金、证券公司、保险公司、银行等合作，提供了超过6 000种的理财产品，涵盖了三大类：①债券型、股票型和混合型公募基金；②固定期限类产品；③银行定期存款和其他产品。

随着蚂蚁理财越来越多的产品上架，蚂蚁理财的财富管理规模和业务收入也呈逐年上升趋势。截至2020年上半年，蚂蚁金服促成的管理资产规模达4.10万亿元，实现收入112.83亿元。

蚂蚁理财的发展对销售金融产品/服务的销售员来说，既是机遇，又是挑战。

一方面，蚂蚁理财在互联网上的广泛推广让广大的

第五章 互联网时代的金融产品／服务营销

投资者能够更清楚地了解到金融产品／服务的种类、性质等，清楚了自己到底应该购买哪些产品，产生或加强了购买金融产品的意愿——这无疑也是给金融销售员做了广告，宣传了销售员销售的产品，当那些不大相信或不太放心在线上购买金融产品的人转向金融销售员购买了金融产品、成为其客户时，相关的金融销售员简直可以说是获得了一份"免费的午餐"。

另一方面，很多人在互联网金融出现之前一直都是找金融销售员购买金融产品的，但在知道可以通过线上购买同一款金融产品，且还省时、省力以及可能获得更大的收益时，便直接从线上购买了该款金融产品，因此，不少金融销售员逐渐流失了本属于自己的客户，从而影响了自己的营业额及最终的收入。

（2）蚂蚁保险。

蚂蚁保险是中国最大的线上保险服务平台。蚂蚁保险的保险科技帮助保险公司提供创新型保险产品，这些产品对于投保人而言，方便、门槛低、条款透明、价格普惠，能让投保人获得良好的消费体验。

①蚂蚁保险的客户量与创收情况。

总的来说，大众流量与需求推动了蚂蚁保险业务的快速增长。其中，大众流量是蚂蚁保险快速推动保险超市发展的主导因素，蚂蚁金服作为互联网流量巨头，用极强的议价能力推出价格极低的保险产品，满足了大众流量对高性价比产品的期待。

由于有着大量客户做支撑，蚂蚁保险的创收也日益增长。2018年，蚂蚁保险促成保费规模为145亿元，同比增长57.6%；2019年为375亿元，同比增长158.6%。2020年，蚂蚁保险上半年促成保费规模为286亿元，同比增长98.6%。

②蚂蚁保险提供的保险品类。

蚂蚁保险有超过2 000种产品可供投保人选择，覆盖了人寿保险、健康保险、财产保险，以及公司的互助项目等诸多方面。

同时，蚂蚁保险也在不断地开发新的产品、拓展业务。

2018年8月，蚂蚁保险与中国人保寿险有限公司合作推出了"全民保"，设计了价格普惠、投保便捷、覆盖近100种重大疾病的"好医保·长期医疗"。

2020年5月，蚂蚁保险进一步与中国人民健康保险股份有限公司和中国人寿再保险股份有限公司合作推出了"好医保终身防癌医疗险"。

蚂蚁保险还推出了退货运费险——这是我国第一个线上场景险。

在新冠疫情期间，蚂蚁保险向员工人数在20人以内的线下商家赠送营业中断险，提高了小微经营者对保险的认知。

③蚂蚁保险的进一步发展。

蚂蚁保险已经获得了相当充分的发展，在我国保险业界堪称"庞然大物"，但是，未来仍有大幅发展的空间——至少可以伴随互联网保险的发展而发展，或者说，互联网保险还有多大的发展空间，蚂蚁保险便有多大的发展空间。

这些年来，我国互联网保险在密度与深度上的增长趋势明显，用户价值有望继续提升。

2012—2019年，我国互联网保险密度从8元提高到193元，实现了高达23倍的增长，互联网保险深度也从2012年的0.02%增加至2020年上半年的0.39%。居民对保险保障的需求提高叠加互联网保险产品的普及，用户价值也呈现出明显的上升趋势。

蚂蚁保险的蓬勃发展对整个行业产生了巨大的影

响：一方面，拉动了整个保险行业的整体发展；另一方面，由于有投保意愿的人不再或不一定需要通过销售员来购买产品，于是，保险销售员便失去了一些老客户或潜在客户，其销售空间有一定的压缩。

1.1.2 东方财富

如果说蚂蚁金服是我国最大的线上金融产品/服务销售平台，东方财富则是近两年来发展较快的线上金融产品/服务销售平台。

（1）东方财富的成长。

与知名度很高的蚂蚁金服不同，东方财富的知名度不高或者说不怎么高，许多人对其不太了解，因此，有必要先略加介绍。

东方财富的成长可分成以下几个阶段。

① 2005—2009年：通过东方财富网、天天基金网、股吧等建立了领先的财经咨询门户和社区生态。

② 2010—2014年：上市募资、成立天天基金，实现了第一次流量变现。

③ 2015—2017年：获得证券公司牌照，开发了证券公司业务。

④2018年至今：获得基金、投资顾问等重要牌照，发行可转债募资增资东方财富证券，开发了两融业务。

整体来看，东方财富的业务不只覆盖了金融产品代销业务，还拥有证券牌照，拥有齐备的产品及服务条线，涵盖了公募基金和私募基金代销、股吧社区、东方财富网等，能为客户提供全方位覆盖的产品/服务。

（2）PC端的覆盖——专业财经&天天基金网。

PC端是东方财富传统优势领域。根据艾瑞咨询的最新数据，截至2022年1月末，东方财富网月度覆盖人数多达6 484万人，环比增加2.8%，仅次于新浪财经；在专业的财经网站中占据显著的领先地位（第二名和讯网覆盖人数为2 878万人）。天天基金网也是东方财富较早建设的专业基金资讯网站，同时得益于基金市场火爆，DAU（日活跃用户数）持续增长，2021年已达315万人，环比年初增长33%。

（3）移动端的覆盖——东方财富&天天基金。

在移动端，东方财富有两大App——东方财富、天天基金。根据万得（Wind）数据库2022年1月末的数据，东方财富App活跃用户数达到1 650万人，同比增长14%；天天基金App活跃用户数达到505万人。

东方财富 App 的月活跃用户数处于稳步增长状态，自 2016 年初的 567 万人增长至 2022 年的 1 650 万人，CAGR（复合年均增长率）达到 24%。而展望看，目前证券 App 龙头同花顺月活跃用户数基本稳定在超过 3 500 万人的水平，东方财富的月活跃用户数仍有进一步提高的可能。

（4）东方财富的基金代销业务。

近年来，东方财富基金代销业务迎来飞跃式增长，保有量规模稳健增长。东方财富的金融电子基金代销业务是公司增速最快的业务，2020 年、2021 年收入规模分别为 29.62 亿元、50.73 亿元，同比增速分别为 140%、71%。同时，东方财富在公募基金保有规模上也迎来突破，截至 2021 年第四季度，股票和混合型公募基金保有规模合计达到 5 371 亿元，超越中国工商银行，排名在基金销售行业第三位，仅次于招商银行、蚂蚁基金。

与蚂蚁金服类似，在 PC 端、移动端和基金代销业务全面开花的东方财富会从某种意义上抢夺原本属于金融销售员的客户，因此，金融销售员的生存空间无疑会被进一步地压缩。

1.2 深度上：智能投资顾问的蓬勃发展

如果说线上代销在广度上对金融销售构成了挤压，智能投资顾问（简称投顾）则在深度上对金融销售构成了挤压。

在传统金融模式下，基金销售是一个不可或缺的环节——它能给客户提供市场分析、产品分析等深度服务。智能投顾则能以低成本为客户提供有一定深度的服务，从某种程度上而言，这将削减客户对金融销售员的依赖，降低金融销售员的价值。

1.2.1 何为智能投顾

（1）智能投顾的界定。

智能投顾即智能投资顾问服务，通常指Robo-Advisor（机器人理财），它是一种与传统投资顾问服务不同的投资顾问服务——它将人工智能引入传统投资顾问服务，本质上是利用量化算法为客户提供投资顾问服务，核心是数据的沉淀积累与算法模型；它常常是金融平台根据个人投资者提供的投资期限、风险承受能力、

> 发轫 问鼎销冠的方法论

收益目标以及风格偏好等信息，运用一系列智能算法及投资组合优化等理论模型，为投资者提供最终的投资参考，并对市场的动态资产配置再平衡提供建议；它为投资者提供的投资建议是由软件提供的。

（2）中国智能投顾分类。

中国智能投顾市场近几年发展迅速，迄今为止，已经形成了包括传统金融机构、互联网公司、金融IT公司等三类阵地的市场。

①传统金融机构。

传统金融机构包括银行、证券公司、基金公司等，具有强大的客户资源和产品资源优势。大致说来，目前，国内银行开展智能投顾的主要有招商银行的摩羯智投、中国银行的中银慧投、兴业银行的兴业智投等。

证券公司方面，截至2017年9月，已有八家证券公司推出智能投顾产品。

公募基金公司方面，如华夏基金与微软签订了战略合作协议，合力开发人工智能投顾，并于2018年1月推出"华夏查理智投"。具有强大的客户和产品资源优势的智能投顾产品多针对C端客户。2018年，招商银行的"摩羯智投"规模突破100亿元，中国银行的"中银慧投"规模接近 50 亿元，工商银行的"AI 投"规模在 20 亿元左右；而广发证券"贝塔牛"截至 2017 年 9 月，累计交易也达 17 亿元，注册用户数多达 47 万人。

②互联网公司。

互联网公司在智能投顾市场具有强大的流量和技术赋能优势，代表产品主要有京东智投、蚂蚁聚宝、雪球蛋卷基金等。

互联网公司的优势在于本身具有庞大的 C 端流量客户，此外，在技术方面也较为领先，可依托技术优势在平台上向 C 端客户提供灵活的投资组合。

以蚂蚁财富为例。蚂蚁聚宝是蚂蚁金服推出的一站式移动理财平台，与支付宝、余额宝、招财宝、芝麻信用、网商银行等一样，都是蚂蚁金服旗下的品牌。蚂蚁聚宝平台上的"猜你喜欢"功能利用大数据向用户提供智能化基金推荐。蚂蚁聚宝上线仅半年后，实名用户量就已突破 1 200 万人，继支付宝、余额宝和招财宝之后，再一次刷新了用户量发展速度的纪录。2017 年 6 月 14 日，蚂蚁聚宝升级为蚂蚁财富，并正式上线"财富号"，全面向基金公司、银行等各类金融机构开放。"财富号"支持基金公司在蚂蚁聚宝自运营，精准服务理财用户。同时，蚂蚁金服还首度宣布向金融机构开放最新的AI（人工智能）技术，帮助金融理财更快进入智能时代。蚂蚁聚宝升级为蚂蚁财富后，产品定位发生变化。其中，蚂蚁聚宝定位为买基金、讨论基金、投资工具；而蚂蚁财富定位为打造一站式理财平台，从以基金销售为主的平台，变成主打综合理财概念的应用，将股票和保险引入其中，相对弱化基金的概念。

③金融IT公司。

金融IT公司具有在技术和业务方面的双重优势——金融IT公司本身具备IT技术优势，并对金融业务较为熟悉，同时，下游客户对智能投顾产品/服务有需求。因此，以同花顺、恒生电子等为代表的公司纷纷布局智能投顾产品/服务，多是在产品/服务中应用AI技术，满足客户需求。

以同花顺为例，自2009年起，同花顺开始布局人工智能投资领域，具有技术、客户和数据等领域的资源储备和先发优势。2013年，同花顺推出"i问财"，以财经类垂直领域搜索作为入口。2015年，同花顺注资1 000万元成立同花顺人工智能资产管理公司，并在iFinD金融数据终端的投研BBC板块添加了智能投顾板块；2016年5月，同花顺iFinD智能投顾正式登陆同花顺i策略平台。2019年3月20日，同花顺人工智能资产管理公司成功备案了旗下第一只私募基金产品/服务，即同花顺阿尔法一号私募证券投资基金。从同花顺的业务布局、资源优势以及私募基金名称上来看，这只新备案的基金将会在量化、高频方面探索机器学习类的智能投顾。

1.2.2 智能投顾的特点

智能投顾具有低门槛、低费用、投资范围广、易操作、高度线上化、普惠性、精准识别客户需求、服务内容差异化、服务质量标准化等特点。其中，低门槛、低费用、投资范围广、易操作等特点更为直观、明显（图5-1）。

（1）低门槛。

智能投顾一方面选择交易费用低廉的被动管理型基金，另一方面通过量化算法自动为客户配置投资组合并执行在线交易，大大降低了组合的交易和顾问成本，也降低了投资顾问服务的门槛，让以前只有高净值投资者能享受的服务扩展成中低净值投资者、普通人均能享受

> 发轫　问鼎销冠的方法论

	传统投资顾问	智能投资顾问	改进提升
客户群体	高净值客户	中尾及长尾客户群	普惠服务
服务渠道	线下	线上+线下	边际成本低
业务模式	定制化销售导向	标准化销售导向	标准化强
服务时间	工作日	7天×24小时	随时随地

图 5-1　传统投资顾问与智能投顾对比

的服务，并且可以通过一定的税务规划，利用特定交易品种和税收损失收获策略，起到节税的效果，大幅降低投资者的税务成本，从而形成了低门槛的特点。

传统专业投资顾问的门槛在百万元以上，而私人银行理财起点多为 600 万元以上，部分私人银行甚至将门槛设定到 1 000 万元，主要针对高净值客户。

智能投顾平台对客户的最低投资金额要求普遍很低，最低要求普遍在 1 万 ~10 万元，这一设定扩大了投资顾问服务的覆盖半径——能够覆盖大部分中产及以下长尾人群，使 C 端客户的数量呈指数级增长。

（2）低费用。

传统投资顾问由专业人士担任，人力成本高，管理费普遍高于1%，且边际成本下降不明显。但是基于计算机算法辅助的智能投顾，管理费普遍在0.25%~0.5%之间，边际成本随着客户的增多而下降，边际效应明显。

（3）投资范围广。

智能投顾平台往往通过与第三方ETF（交易型开放式指数基金）基金公司或国外金融机构合作的方式，为用户提供全球范围内的投资组合，若涉及税率问题，还可自动选择最佳方案。例如，美国自动化投资服务公司Wealthfront涉及多达11项资产类别，包括美股、海外股票、债券、自然资源、房产等，投资组合的载体为指数基金ETF。智能投顾的投资决策和投资组合管理由人工智能平台完成，可同时对多个投资标的进行投资管理，产品/服务投资范围广，分散度高。

（4）易操作。

智能投顾具有易操作的特点——全流程均可以在互联网上实现，相对标准和固定，大幅地简化了用户操作过程，投资者只需要在平台上填写相应的投资调查问卷，智能投顾系统便可以评估出投资者的风险偏好水平、确定理财方案，自动生成相应的投资配置组合（图5-2）。整个流程操作下来所用的时间仅几分钟，达到了高效、精准匹配用户资产管理目标的效果。同时，智能投顾透明度也高。传统投资顾问服务的信息披露不透明，存在着金融产品/服务供应商与客户需求不匹配的问题；而智能投顾对投资理念、金融产品/服务选择范围、收取费用等信息披露充分，且客户随时随地可查看投资信息，具备较强的专业性和较高的客观性。智能投顾严格执行程序或模型给出的资产配置建议，采取自动化策略为客户提供资产组合服务，不会为了业绩而误导客户操作以获得更高的佣金收入，相对传统投资顾问而言，智能投顾的服务流程较为简便，结果也让人感觉可信、可靠。

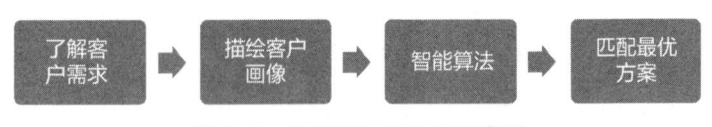

了解客户需求 ➡ 描绘客户画像 ➡ 智能算法 ➡ 匹配最优方案

图 5-2　智能投顾系统服务流程

美国是智能投顾业务的先驱，我们以美国智能投顾B公司为例，从其服务流程可以直观地看出智能投顾这一特点。

B公司的用户只需在B公司网站上输入个人信息，包括年龄、收入、是否退休、投资的目的和期望等，B公司便会根据这些条件生成一系列科学、安全、有效、长期的股票、债券配置方案供客户选择。方案中包含预期收益、风险系数、期限、投资比例等信息。客户也可以在一定的范围内依据自己对风险的承受能力调整股票和债券投资的比例。这与传统投资顾问服务相比，既方便又有效且可靠。

1.2.3 智能投顾对金融销售员的影响

如果说，互联网销售平台对金融销售员的影响主要体现在对金融销售员获取新客户的方式方法上，智能投顾对金融销售员的影响则主要体现在金融销售员与其老客户之间的联系紧密度上。

（1）智能投顾的出现，让金融销售员的低门槛的老客户有了更多选择空间。

金融产品/服务具有一定的复杂性，很多客户在购买时或多或少都是需要咨询服务的。在智能投顾出现之前，很多时候，客户要购买产品/服务只能向金融销售员咨询，即使金融销售员水平一般，甚至服务也一般，客户也没有其他选择。但是，在智能投顾出现之后，客户要购买产品/服务时则不再是只能咨询金融销售员了——他可以咨询智能投顾，且能得到智能投顾的及时回复。

（2）智能投顾对金融销售员的年轻中高端老客户也有了更多选择空间。

金融销售员如果流失了低门槛客户，可以说没有太大的影响——毕竟金融销售员的时间也比较宝贵，本来就服务不过来；但是，如果流失了年轻的中高端客户，就有一些伤及根本了——毕竟未来是属于年轻人的。如果一个年轻的高净值客户已经习惯并认可了智能投顾，他未来还能有多依赖线下金融销售员呢？

2. 金融销售员的应对措施

在获取客户的广度上，与金融销售员相比，头部互联网销售平台具有相当大的优势——头部互联网销售平台信用高，覆盖面广，能够直接引流，可以海量地获取客户，因此，要比金融销售员线下开发新客户简单方便得多。

在服务客户的深度上，智能投顾引入了人工智能和大数据等技术，可以快速处理海量信息，根据客户填写问卷反馈的信息进行风险偏好判别，通过算法模型为投资者提供资产配置建议，取代专业投资顾问提供的部分服务，降低了客户获取深度服务的门槛和费用，对投资顾问与客户之间的黏性有较大的影响。

在互联网平台和智能投顾的双重影响下，金融销售员应如何开展销售呢？

依笔者看来，如果把崛起的互联网销售平台和智能投顾与金融销售员之间的关系比作一场战争的话，金融销售员在应对时可以将这场战争分成"防御""反击""进攻"三个阶段，针对各阶段分别采取措施。

2.1 防御：守住阵地，减少影响

如上文所述，互联网线上销售平台和智能投顾以其"非人"的优势挤压着每一个身为凡夫俗子的金融销售员；而且，互联网线上销售平台和智能投顾发展迅猛、"气势汹汹"。在此情形之下，金融销售员第一步要做的就是做好"防御"，利用好行业的壁垒和公司的便利条件，让自己的业务不受或不太受互联网线上销售平台和智能投顾的冲击，先存活下来，然后再谋求发展。

2.1.1 选择壁垒高的赛道

如果一个金融销售员刚刚涉足金融销售行业，还没有选择好未来拟主攻的产品/服务或产品/服务方向，同时，可选择的空间还很大的话，可以先试着选择一个行业壁垒高、发展前景大的赛道。

什么样的赛道是行业壁垒高、发展前景大的呢？有一句话说得好，当你迷茫不知道怎么做选择时，就选择一条相对艰难的道路——哪条道路艰难就选哪条。

如上文所述，与金融销售员相比，互联网线上销售平台和智能投顾具有诸多优势，特别是覆盖面广、门槛低、能够及时回复客户所提出的疑难问题等方面，简直是金融销售员无法达到的。但是，互联网线上销售平台和智能投顾毕竟不是人类，而是由人类开发出来的，也就是说，它们从根本上是不如人类的。互联网线上销售

第五章　互联网时代的金融产品/服务营销

平台和智能投顾所解决的多是一些即时性、简单的问题，满足不了客户的一些复杂的需求。比如，一个证券公司的一线销售员同时面临着要完成交易佣金创收、销售基金产品创收和销售衍生品创收三个任务，此时，如果不考虑这些任务的 KPI 权重占比不同，他应该把自己有限的时间和精力主要放在哪个任务上呢？如果让笔者回答这个问题，我会说：应该把自己有限的时间和精力主要放在销售基金产品/服务创收和衍生品创收上。为什么呢？因为佣金创收是门槛最低的，也是最难形成自身壁垒的——佣金业务的来源主要是开经纪账户，而经纪业务是证券公司的传统业务，它实际上是伴随着证券公司的产生和发展而产生和发展的，各家证券公司都积累了大量掌握经纪业务的从业人员，竞争极为激烈，加之互联网线上销售平台出现后，证券公司可以在网上开户了，在佣金创收方面要想大有收获，实际上是相当困难的。

而相对于佣金创收而言，销售基金产品/服务创收和衍生品创收则会好很多——可以帮助金融销售员建立更高的从业壁垒：销售基金产品/服务创收，主要取决于金融销售员的投资能力和对客户资源的积累。一个

> 发轫　问鼎销冠的方法论

金融销售员要想很好地销售产品/服务，首先得研究好所要销售产品/服务的特点、所处的市场环境，金融销售员自身也应具备一定的投资能力，能在一个好的卖点把产品/服务卖给客户以确保或尽可能地实现资产增值——至少不缩水。

此外，金融销售员也要对客户进行深入调查——调查客户的风险偏好、财务情况、个人爱好，甚至是客户的情绪特征。如此一来，金融销售员会对客户有深入的了解，并会与客户建立一定的感情基础。这个过程是可以累加的，并具备正"反馈"性。如果他推荐的产品/服务好，并且，客户通过购买他的产品/服务赚到钱，客户会对他更加信任，并转介绍给他更多的客户——长此以往，金融销售员会积累越来越多的客户，他的壁垒便会越来越高。

销售衍生品创收，主要取决于金融销售员自身专业能力的积累。与经纪业务相比，衍生品业务明显要更加复杂——它本身就在一定程度上具备专业壁垒，更重要的是，衍生品还是近几年来的新兴业务，销售衍生品的人员较少，金融销售员一旦掌握了销售衍生品这项业务的诀窍，就可能在衍生品市场上开疆拓土、独立门户。

而且，伴随着中国金融市场的深度发展，中国金融市场对衍生品的需求会越来越大，这就为金融销售员拓宽了销售之路、增加了销售数量，给金融销售员提供了更进一步施展才能、更进一步创收的可能。

一个金融销售"小白"在从业之初如果选择将销售产品/服务作为自己的"主业"，在若干年后，很可能成为拥有很多客户资源且精通投资的销售"大佬"；如果选择将销售衍生品或衍生品服务作为自己的"主业"，在若干年后，很可能会积累大量有关衍生品的知识，成为衍生品及销售衍生品方面的专家；如果选择经纪业务作为自己的"主业"，由于经纪业务本身门槛低，且线上化趋势越来越明显，因此，在若干年后，很可能既积累不了客户资源，又积累不了专业知识，从而与选择销售产品/服务、销售衍生品或衍生品服务的金融销售员之间的差距越来越大。

2.1.2 利用好公司的力量

尽管受到金融监管限制，但是从长期来看，互联网金融进一步发展的滚滚洪流不可遏制。作为个体的金融销售员，无论是谁，都很难或者无法对抗这股洪流。但是，无论是谁，总是置身于某一公司，而且他所在的公司往往是大金融机构，而大金融机构的内部往往会有很多新增的可以用来应对互联网金融的方法和技术手段，因此，从这个意义上讲，金融销售员实际上并不是个体，并非无助，而是在群体中，有强大的后盾——他可以充分利用好自己所在公司的平台以及所在公司提供的可以用来应对互联网金融的方法和技术手段。比如，现在许多公司甚至是各家公司都会推出很多线上开展业务的工具，金融销售员可以利用好那些工具，将自己打造成互联网技术武装下的全能销售员以对抗互联网的冲击。

2.2 "反击"：以己之长，攻"敌"之短

在"防御阶段"，金融销售员可以通过选择壁垒高的行业和利用好公司的优势做好防御，先保住自己的业务，然后展开"反击"——最好的做法就是，针对线上销售平台及智能投顾的固有缺点，充分发挥自己的优势，竭尽所能地做好销售。

2.2.1 线上销售平台和智能投顾的弱点

（1）线上销售平台和智能投顾往往缺乏个性和思想、观点。

线上销售平台好比是一个舞台，它的用处是吸引更多的人到舞台上表演，而它本身则没有也不可能有思想或观点，更热衷于蹭热点；智能投顾也没有自己的思想或观点。

金融销售员则是有思想、有观点的，他们根据自己的思想和观点去销售产品/服务。在销售产品/服务之前，他们往往要根据自己的能力和特点以及市场的状况选择产品/服务；之后，再根据客户的特点和需求销售产品/服务，既要足够多地销售产品/服务，又要确保客户的资产增值——至少不缩水，否则，客户就不会找他们购买产品/服务，而去找只提供程序化服务的线上销售平台和智能投顾；反之，如果客户从线上销售平台和智能投顾那里购买产品/服务，买一个就亏损一个，他们还会从线上销售平台和智能投顾那里购买产品/服务吗？

（2）线上销售平台所提供信息的真实性、有效性往往让客户感到担忧。

线上销售平台所提供信息的真实性、有效性多多少少总会受到客户质疑，这在很大程度上是受到早年互联网虚假理财诈骗过多的影响。虽然随着互联网金融好转，大型互联网销售平台信息的真实性得到了有效提升。但是，大平台往往只保证了信息的真实性，而非有效性。比如，在大型线上金融平台上代销的产品/服务，平台保证的是产品/服务是真实的，是符合法规的，而无法保证产品/服务是能够赚钱的。平台上会有大量的产品/服务，有些平台上的产品/服务多达5 000只，比上市公司的数量还要多。对于哪些产品/服务是优质的、哪些产品/服务是适合买的，投资者既缺乏足够专业的判断能力，又没有足够多的时间和精力来筛选。

投资者进入线上销售平台，往往如同一个想了解菜肴原材料的新手厨师进入了一个特别大的菜市场，所有的销售者都在拼命地宣传自己所卖的菜如何如何好，大家你一言我一语，广告打得震天响，新手厨师本来就对各种菜品不够了解，经过商贩一番"喧哗"更是晕头转向了。

（3）智能投顾所提供信息的真实性、有效性往往让客户感到担忧。

有些智能投顾系统设计得过于简单——对客户的财富规划模型设计得过于简单，且缺乏数据的积累。当客户输入基本信息后，模型得出的产品/服务购买方案有时过于模糊，让客户觉得用了智能投顾跟没用一样，甚至得到跟实际情况相去甚远的方案。

（4）智能投顾所涉及顾客隐私的安全性往往让客户感到担忧。

有的智能投顾需要客户提供的材料过多，客户在填写那些材料时往往需要填写好几页。客户填写这么多的材料非常费时费力，当然不会感到高兴，而其中有些材料涉及客户的隐私，这未免会让客户对那些信息的安全性感到担忧。

2.2.2 金融销售员的优势

（1）定制化优势。

互联网金融具有便捷和普惠的优点——它能搜集最广泛客户最普遍的需求，实现线上销售，从而使投资者省却了"劳累奔波"之苦，让他们节省体力、时间、物力等。但是，这种便捷和普惠又是以牺牲客户的一些特殊需求为代价的。

举个例子来说，人们平时在使用银行或者证券公司App时，往往会时不时地抱怨某某功能不好用，或者某某功能不具备，而那一功能又是非常重要的。

但是，人们在抱怨这些问题的时候，很少会想到之所以出现这些问题，多半不会是因为那些客户端软件的设计者水平差，多半也不会是因为那些客户端软件的设计者没有"多动动脑子"，或没有花费精力去做市场调研。

事实上，金融机构要推出一个面对广大投资群体的App，在上线前都会经过多轮论证、反复测试，总是力图把所有用户的最广大需求统一体现在App上，如果某个用户在使用App时发现某个需求没能得到满足，那多半是由于他的需求太"个性化"了，因而没有体现到App的功能中。

在这种情况出现的时候，金融销售员的优势就凸显出来了——当客户的某个定制化需求无法在平台上实现时，金融销售员能够提供定制化服务，满足客户的个性化需求，这样，他就比互联网平台更能抓住客户了。比如，如果超高净值的A客户希望每周都能收到B证券公司所代销的所有 CTA 产品 / 服务的净值数据，而这个需求又无法在 App 上得到满足，这时，C 客户经理能够每周定时地把整理好的数据发给 A 客户，C 客户经理便很可能因此加强了自己与客户的黏性，从而彻底抓住客户。

（2）及时性优势。

近年来线上化金融产品 / 服务销售平台的 AI 客服越来越多，这无疑进一步增加了客户与线上化金融产品 / 服务销售平台沟通的成本。当客户向线上 AI 客服发消息时，先是 AI 客服对接，然后要经过漫长的沟通，甚至客户要点击好多个选项后才能转到人工客服。这就给客户很不愉快的消费感受。同时，客户又是越来越年轻化的，年轻客户逐渐占据客户群体的大多数。比如，越来越多的客户是"00 后"，"00 后"在客户群体中所占的比例也越来越大。"00 后"被称为"Z 世代"，他们的消费观是"我想要，我现在就要"。因此，当"00 后"在线上找客服，转了好几道程序才终于从 AI 客服转到人工客服，然后又打字解释许久，客服才终于明白其意思时，他们就会感到很烦。这种情况下，金融销售员的及时性优势就凸显出来了，比如，如果客户给销售

> 发轫　问鼎销冠的方法论

员打一个电话，或者销售员上门拜访一下客户，客户的问题可能很快就能得到解决。

（3）情感优势。

AI客服是没有感情的，也无法体会到客户着急的心情；当客户很着急的时候，它也只是不紧不慢地回复道："您是要问某某问题吗？"当客户愤怒或者沮丧地向AI客服倾诉时，AI客服可能也只会回一句："对不起，对此我感到很遗憾。"但是，客户是人，很多时候，是非常感性的——他需要的不是一个冷冰冰的、只能格式化、机械地回答一些问题的AI客服，而是一个能够倾听他的倾诉、能够解决他的问题、能够与他交流感情的人。比如，当他购买的基金亏损了的时候，他联系客服，希望客服能够同情他、安慰他，能够倾听他的倾诉以缓解他沮丧、愤怒、绝望等负面情绪，能够向他提供帮助。这种时候，如果客服不是一个AI机器人，而是一个活生生的人，他的这些诉求就有可能得到满足或一些满足；金融销售员的情感优势也由此凸显出来了。金融销售员如果能充分地利用并发挥自己比AI客服多出的情感优势，他就比线上的金融产品/服务销售平台更能抓住客户。因此，金融销售员一定要注重充分地利用并发挥情感优势，牢牢地抓住客户，比如，当股市大跌之时，客户的情绪往往不太稳定，金融销售员不要等客户来找自己，而应该主动地、有技巧地去找客户，帮助他平复情绪。

（4）低成本学习优势。

互联网和 AI 虽然便捷，但是金融产品 / 服务本质上还是很复杂的，因此，是不可能仅仅凭借互联网和 AI 那种"傻瓜式"的方式处理的。同时，客户，特别是一些年纪偏大的客户，往往对互联网和 AI 金融不是太熟悉，要花费不少时间才能熟悉互联网和 AI 金融，继而才能操作 App 购买某种产品 / 服务，而且通过 App 购买产品 / 服务都需要自主性操作，缺少一对一的指导，客户很容易操作错误。此外，客户可能不愿意学习新的东西，因此，对不熟悉的 App 或 App 上不熟悉的内容往往本能地反感。在这种情况下，金融销售员的优势就凸显出来了——有了金融销售员的帮助，客户可以不需要花费时间、精力去学习操作 App 或 App 上不熟悉的内容，而就能获得金融销售员提供的直截了当的帮助。

> 发轫　问鼎销冠的方法论

2.3 "进攻"：打造个人IP，用流量打败流量

总的来说，在"防御"和"反击"阶段，金融销售员采取的措施尽管是有效的，但是，在本质上又是很被动的。仅仅采取那些措施，金融销售员是无法应对互联网线上销售平台和智能投顾的崛起所带来的冲击的，因此，还要采取一些具有进攻性的措施——打造IP便是一种相当有效的具有进攻性的措施。

在金融行业，互联网线上销售平台和智能投顾为什么能快速崛起？为什么能快速地发展成为后起之秀？一个很重要的原因就是它们有足够多、足够廉价的流量做支撑。因此，金融销售员如果也能有办法获得廉价而又充足的流量，甚至比互联网线上销售平台和智能投顾更能有办法获得廉价而又充足的流量，那么，就能应对互联网线上销售平台和智能投顾的崛起所带来的冲击！如果有的话，办法是什么呢？其实，利用自媒体就是一个相当有效的办法。

自媒体是普通民众经由数字科技与全球知识体系相

第五章 互联网时代的金融产品/服务营销

连之后,向不特定的人群或者特定的单个人传播规范性及非规范性信息的新媒体;传播者具有私人性、平民性、普泛性、自主性等特点;传播的手段具有现代化、电子化等特点;传播的内容具有"喧哗性"、不规范性、杂陈性等特点;受众具有大众化、普泛化、不确定性等特点。

中国自媒体行业大致起步于2002年,历经探索期、萌芽期、成长期,现已进入高速发展期,出现了为数众多的自媒体,其中,具有代表性主要有:①文字图片类,如微信朋友圈;②语音类,如喜马拉雅;③短视频类,如抖音、快手;④长视频类,如B站;⑤综合类,如微博。

金融销售员在遵守法律法规和确保合规的前提下,可以通过自媒体来包装自己,销售产品/服务,不仅会有出人意料的效果,甚至有可能"爆红出圈",一步实现"财务自由"。

在运用自媒体时,需要注意以下问题。

(1)严守合规底线。

金融行业属强监管行业——受到上至国家法律法规、中至行业自律准则、下至公司合规制度的监管;符

> 发轫　问鼎销冠的方法论

合国家法律法规、行业自律准则、公司合规制度就是底线。在通过自媒体打造IP之前，一定要搞清楚哪些可以言说、哪些不可以言说，也就是哪些内容一定符合国家法律法规、行业自律准则、公司合规制度，哪些不符合或不太符合。另外，财经领域一直都是监管的重点，因此，除了合法合规的基本要求外，还要注意不要触及一些敏感的话题，一定要严守合规底线，注意保护好自己。否则，轻者是自己所创作的内容被删掉，结果白白地辛苦一场；重者则被领导批判、被同事疏远或打压、被公司"边缘化"或开除，甚至受到法律的制裁——如果是这样，就太不值得了。

（2）"一鱼多吃"。

当运用自媒体手段宣传自己及自己所销售的金融产品/服务时，金融销售员不要将制作的视频等素材只放在一个自媒体渠道发布，而应该对同一材料进行多层次加工后放在不同的自媒体渠道发布。比如，一个金融销售员打算做一期讲解美元加息对A股市场影响的长视频，于是他费了九牛二虎之力——花时间收集资料、配音、剪辑……最终制成了长视频，可他只把长视频传到B站，等着流量上涨。他如果只是这样做，就太可惜了——花了那么大气力做成的长视频没有充分地利用。怎样才能充分地使用做好的长视频呢？正确的方法是把长视频中的文字内容提炼出来做成微信推文在公众号上发布，把长视频中的音频单独提取出来在喜马拉雅上发布；把长视频压缩一下做成一个短视频，放在抖音上；把长视频的全部内容整合一下，放在微博上引流……

（3）百折不屈，贵在坚持。

尽管自媒体目前仍保持发展势头，我们也不得不承认，无论是微信公众号还是短视频发布平台，都已经过了最佳黄金"涨粉"期，普通人发布一条视频就能让"粉丝"涨到几十万的时代已经过去了。不过，就目前看来，投资流量的成本相对来说还是比较低的，而且做大做强的概率也比较高。

更重要的是，金融销售员通过自媒体打造个人IP还是属于"成本有限但是收益上限极高"的销售手段——如果没做好，也没有损失，引流多一点是一点。而且对于有具体变现手段的金融销售员来说，他不需要有太多"粉丝"就可以有巨大收益。因此，在做自媒体的初期，金融销售员可以把期望放得低一些——不要急

> 发轫 问鼎销冠的方法论

功近利、急于求成，可以慢慢来。

（4）平衡好专业性和趣味性。

运用自媒体时一定要注意专业性和趣味性的平衡，由于金融知识和金融产品／服务具有一定的复杂性，金融销售员如果把视频做得太专业，流量一定会受到影响；如果把视频做得太简单，也不好——一方面无助于树立专业形象，另一方面也无助于吸引流量。因此，金融销售员在做视频时要让专业知识和专业术语通俗易懂、接地气，也就是说要将专业的知识和内容用人人能懂的语言表达出来。

（5）清晰的销售主线。

金融销售员在通过利用自媒体打造个人IP来助力自己销售产品／服务时，一定要有清晰的主线。比如，如果是保险业务员，他可以同时在抖音视频和微信公众号发布一系列视频，即使这一系列视频不一定每一条都是关于保险销售的，但是整体内容则要围绕保险销售。比如，他制作100个视频，如果希望视频更有趣味性，同时帮他建立起立体的IP形象，他可以将其中的20个做成是与保险有关但又贴近大众生活或者爱好的视频以吸引流量，而将另外的80个视频做成主打保险方面的。同时，他可以通过"拍段子"、短剧等方式让视频看起来更有趣味性，但是落脚点必须有道德底线。

清晰的主线可以带来两个好处：其一是加强了对垂直流量的吸引，其二是能使视频的内容充实且连贯以利于吸引客户。

（6）研究成功案例。

尽管自媒体引流对于金融销售员而言并不是刚性需求，但是，如果能吸引尽量多的流量，多吸引一些"粉丝"，肯定是更好的。一般来说，将"蹭热点""上套路""立人设"结合起来能够较好地吸引流量。

①蹭热点。

金融销售员要找到有可能"火"起来的热点，要想办法让销售主线跟热点沾上边，要在自己的脑海中构思好主要想表达的内容。

②上套路。

金融销售员仅有一个不错、有创意的想法还不够，还得让视频的内容引人入胜。如何才能使视频内容引人入胜呢？可以运用套路——经过长期的总结而形成的一套方法。不同的金融销售员有不同的套路，一个金融销售员要想形成一个好的套路，最好看一些相关的书籍，比如《故事》这样的书，在受到启发后，有助于形成好的套路。

③立人设。

金融销售员如果在"蹭热点""上套路"方面成功了，大致可以做出1~2个不错的视频。不过，他如果想让观众长期跟踪他的账号，就需要有个人设。他如果能够凭借自身特点打造出自己的人设，就可以源源不断地吸引流量。比如，一个金融销售员如果长得漂亮或英俊，可以主打美女/俊男销售的人设；如果很专业，可以主打专业销售的人设；如果善于讲故事、拍短剧，则可以主打剧情导演的人设。这样可以吸引一批同频的受众群体成为自己的粉丝，从而引导出更好的销售流量。